Sammlung Luchterhand 313

„Im Namen des Deutschen Volkes!"

Todesurteile des Volksgerichtshofs

Herausgegeben und eingeleitet
von Heinz Hillermeier
Mit einem Nachwort
von Gerhard Meyer

Luchterhand

CIP-Kurztitelaufnahme der Deutschen Bibliothek:
»*Im Namen des deutschen Volkes!*« : Todesurteile d. Volksgerichtshofs / hrsg. u. eingeleitet von Heinz Hillermeier. Mit e. Nachw. von Gerhard Meyer. – Erstausg. – Darmstadt, Neuwied : Luchterhand, 1980.
(Sammlung Luchterhand ; 313)
ISBN 3-472-61313-0
NE: Hillermeier, Heinz [Hrsg.]; Deutschland ‹Deutsches Reich› / Volksgerichtshof

Erstausgabe
Sammlung Luchterhand, September 1980
Lektorat: Wieland Eschenhagen
Umschlagfoto: Ullstein Bilderdienst

© 1980 by Hermann Luchterhand Verlag GmbH & Co KG, Darmstadt und Neuwied
Alle Rechte vorbehalten
Gesamtherstellung bei der
Druck- und Verlags-Gesellschaft mbH, Darmstadt
ISBN 3-472-61313-0

Inhalt

Einleitung — 10

Die nationalsozialistische Rechtsauffassung — 14

Der Volksgerichtshof: Entstehung, Organisation, Aufgabe — 30

Die Meckerer, Hetzer und Ewiggestrigen — 43
    Das Recht zur Kritik — 43
    Der Geist von Potsdam am Stammtisch — 44
    Die Massenmorde von Katyn in der Gastwirtschaft — 51
    Vergebliche Feindbegünstigung und moralische Minderwertigkeit — 55
    Kommunistische Schriften im Schicksalskampf — 58
    Die polnische Prophezeiung — 60
    Dolchstöße mit Flugblättern — 62
    Das deutsche Volk braucht nur eine Leiche — 62
    Hitlers Geschenk an die Berliner — 63
    Das Gebot der Kirche über der Stimme des Blutes — 65

Die »Untermenschen« — 67
    Das Recht des Stärkeren — 67
    Niemandem kann etwas genommen werden, was er nicht hat — 68
    Fünf Mark sind todeswürdig — 70
    Genosse Kriegsgefangener — 72

Widerstand — 77
    Die Weiße Rose: »Ein neuer Befreiungskrieg bricht an« — 78
    Urteil: Verletzung der Treuepflicht zum Führer — 81
    Robert Havemanns »Europäische Union« — 84
    Urteil: Dekadente Intellektualisten und feige Defaitisten — 86
    Der Widerstand des 20. Juli 1944 — 95
    »Helfe jeder mit, das Vaterland zu retten« — 98

»Der Ausgangspunkt liegt in der göttlichen Ordnung«. 101
Urteil: Der Verrat schlechthin 103
Urteil: Er meldete sein Wissen nicht. Er ist für immer ehrlos. 106

Juristen im Widerstand? 109

Nachwort
Gerhard Meyer
Für immer ehrlos? 115

Anmerkungen 129

Abkürzungsverzeichnis 134

Literaturverzeichnis 136

Anhang 139
1. Ermächtigungsgesetz v. 24. 3. 1933 139
2. Bildung des Volksgerichtshofs 139
3. Verordnung des Reichspräsidenten zum Schutze von Volk und Staat v. 28. 2. 1933 (Faksimile) 140
4. Strafrechtsänderungsgesetz, Artikel I, v. 24. 4. 1934 (Hoch- und Landesverrat, Feindbegünstigung) 141
5. Kriegssonderstrafrechtsverordnung v. 17. 8. 1938 143
   Vierte Verordnung zur Ergänzung der Kriegssonderstrafrechtsverordnung v. 31. 3. 1943 143
   Fünfte Verordnung zur Ergänzung der Kriegssonderstrafrechtsverordnung v. 5. 5. 1944 144
6. Aberkennung der Ehrenbürgerrechte 145
7. Reichsbürgergesetz v. 15. 9. 1935 145
   Dreizehnte Verordnung zum Reichsbürgergesetz v. 1. 7. 1943 146
8. Gesetz zum Schutz des deutschen Blutes und der deutschen Ehre v. 15. 9. 1935 146
9. Polenstrafrechtsverordnung v. 4. 12. 1941 147
10. Vernichtung durch Arbeit. Vereinbarung des Reichsjustizministers Dr. Thierack mit Himmler vom 18. 9. 1942 149

11. Beschluß des Großdeutschen Reichstags v. 26. 4. 1942
    (Faksimile) 151
12. Geschäftsverteilung des Volksgerichtshofs für 1945 152

Meinen Kindern
Karl-Heinz, Rainer und Angelika

»Die Richter dieses Staates mögen uns ruhig ob unseres damaligen Handelns verurteilen, die Geschichte als Göttin einer höheren Wahrheit und eines besseren Rechtes, sie wird dennoch dereinst dieses Urteil lächelnd zerreißen, um uns alle freizusprechen von Schuld und Fehle.
Sie wird aber dann auch diejenigen vor ihren Richterstuhl fordern, die heute, im Besitze der Macht, Recht und Gesetz mit Füßen treten, die unser Volk in Not und Verderben führten, und die im Unglück des Vaterlandes ihr eigenes Ich höher schätzten als das Leben der Gesamtheit.«
Schlußwort des Angeklagten *Hitler* vor dem Volksgericht in München am 1. April 1924

»Die Zukunft einer Bewegung wird bedingt durch den Fanatismus, ja die Unduldsamkeit, mit der die Anhänger sie als die allein richtige vertreten und anderen Gebilden ähnlicher Art gegenüber durchsetzen.«
Adolf Hitler, Mein Kampf, 1. Bd., 12. Kap. (1925)

Einleitung

Nach der Lektüre der Todesurteile des Volksgerichtshofs scheint es manchem einfach und bequem zu sein, zur freiheitlich demokratischen Tagesordnung in der Bundesrepublik überzugehen: Hart und unmenschlich mögen diese Urteile ja gewesen sein, aber Zeiten des Umbruchs und eines weltweiten Krieges fordern eben Äußerstes. Recht und Ordnung bedürfen für ihre Durchsetzung einer starken und strengen Hand. Außerdem gibt es den bewährten »teutschen« Grundsatz: Gelobt sei, was hart macht! Solche und verwandte Meinungen sind nicht einfach als neonazistisch abzutun oder etwa deshalb selbstsicher zu tolerieren, weil wir ja inzwischen offenbar gelernt haben, mit extremistischen Auffassungen fertig zu werden, was die Anteile dieser »Unverbesserlichen« nahe Null bei jeder Bundes- und Landtagswahl zu beweisen scheinen. Viele, wenn nicht die meisten unter uns denken und sprechen so, und zwar nicht nur an Stammtischen, in Kantinen und auf Campingplätzen: Produkt einer deutschen Mentalität, die uns zu gründlichen Verdrängungs- und Verfälschungsleistungen gegenüber unserer eigenen Geschichte befähigt?

Die mühsame Auseinandersetzung mit unserer jüngsten Geschichte ist wohl noch lange nicht abgeschlossen. Der emotionale Funken »Holocaust« hat nur ein kleines Stück des Wegs erhellt; die Aufregung um den Film in diesem Land zeigte auch, wie Vergangenheit noch jeden von uns bewegt, wenn ihr – z. B. durch die künstlerische Bearbeitung – nicht mehr auszuweichen ist.

Ideologischer Fanatismus und praktische Unduldsamkeit prägte die nationalsozialistische Bewegung. Im Sinne ihres politischen Kampfbegriffs erhielt der Volksgerichtshof folgerichtig die Aufgabe, »nicht Recht zu sprechen, sondern die Gegner des Nationalsozialismus zu vernichten«.[1] Kaum ein Auftrag wurde jemals gründlicher und perfekter erledigt, und die Hoffnung liberaler Bürger, insbesondere auch vieler Juristen, die mörderische Weltanschauung werde nicht bis ins letzte Detail auch in tödliche Praxis umgesetzt, erwies sich als lähmender Selbstbetrug.

Der totalitären Mentalität gilt Toleranz nicht ohne Grund als

Inbegriff von Schwäche und Selbstverleugnung. Nur so ist die unmenschlich harte Reaktion der Richter des Volksgerichtshofs gegenüber allen Andersdenkenden zu erklären.

Für die vorliegende Dokumentation wurden vor allem solche Todesurteile ausgewählt, die für die fanatische Unduldsamkeit des Nationalsozialismus und seiner Rechtsfunktionäre bezeichnend sind, sowie für die ebenso ängstliche und engstirnige Intoleranz gegenüber den geringfügigsten und harmlosesten Äußerungen der Regimekritik. Über die Substanz der Urteile verrät die ausmalend liquidatorische Sprache manchmal mehr als der reine Sachzusammenhang selbst.

Besonders deutlich wird dies bei den Todesurteilen, die in den Abschnitten »Die Meckerer, Hetzer und Ewiggestrigen« sowie »Die Untermenschen« zusammengefaßt sind. Stammtischgerede, Sammlungen von minimalen Geldern für die kommunistische Partei oder selbstverständliche, einfache menschliche Hilfen für Kriegsgefangene waren todeswürdige Verbrechen. Hinzu kommt die verbohrte rassistische oder völkische Komponente in den Todesurteilen gegen Juden oder Osteuropäer: »Da sie als Juden keine bürgerlichen Ehrenrechte besitzen, kam deren Aberkennung nicht in Frage.« (siehe S. 68)

Worin bestand hier eine objektive Gefahr für den Staat, selbst wenn einmal angenommen würde, daß auch der nationalsozialistische Staat eine Ordnungsfunktion wahrzunehmen gehabt hätte und insofern schützenswert gewesen wäre und in Kriegs- und Notzeiten auch im Recht die verschärfte Lage ihren Ausdruck hätte finden müssen? Oder war es schon die Angst, die zur drakonischen Strafe greifen läßt, um von der eigenen Schwäche und Unhaltbarkeit abzulenken, und um wenigstens den Schein der Rechtmäßigkeit zu erhalten?

Hervorzuheben ist das Urteil gegen *Robert Havemann*, der als einer der wenigen zum Tode Verurteilten dem Henker entkam, aber bis heute – in der DDR, unter vollständig veränderten Verhältnissen – für seine unbeugsame demokratische und sozialistische Kritikbereitschaft bezahlen muß (siehe S. 86). Auch an diesem Fall wird schnell deutlich, wie aktuell die damalige Problematik bleibt. Damals wurde *Havemann* verurteilt, weil er zusammen mit Gleichgesinnten »geglaubt hat, Deutschland werde den Krieg verlieren« (das Urteil erging am 16. 12. 1943) und »befürchtet hat, daß Deutschland dann Schauplatz des

Kampfes zwischen den Bolschewisten und den Angelsachsen und von beiden zerrissen werden würde ...« Für die Richter am Volksgerichtshof ging es natürlich zu weit, daß *Havemann* am 15. 7. 1943 die »Europäische Union« gründete und Flugblätter verfaßte, die (so der Volksgerichtshof) »in bolschewistischer Ideologie schwelgten« und dafür war, daß »ein europäischer Sozialismus nur durch eine europäische Revolution freizumachen ist ...« Hinzu kam, daß *Havemann* und seine Freunde »geradezu systematisch illegal lebende Juden unterstützten, ja sogar mästeten und ihnen falsche Ausweise besorgten«.
Flugblätter mit ähnlicher Zielrichtung erregten bereits zu Beginn des Jahres 1943 Aufsehen, als die Geschwister *Scholl* und ihr Kreis (»Weiße Rose«) versuchten, die deutsche Jugend wachzurütteln (siehe S. 78). Die Geheime Staatspolizei und der Volksgerichtshof reagierten prompt. Die letzte Flugblattaktion fand am 18. Februar 1943 in der Münchener Universität statt. Am 21. Februar (einem Sonntag) wurde die Anklageschrift zugestellt, am nächsten Tag schon vor dem extra nach München gereisten Volksgerichtshof verhandelt, und die Todesurteile wurden noch am gleichen Tag vollstreckt – ein einmaliges, dennoch typisches Verfahren, das (trotz der Geständnisse der Angeklagten) offenbart, wie unverhohlen Unrecht in den Formen des Rechts gesprochen wurde (siehe S. 82).
Todesurteile gegen nicht »linientreue« Deutsche, welche die Infragestellung des faschistischen Regimes wagten, sind im Abschnitt »Widerstand« zusammengefaßt. Die Todesurteile gegen die Widerstandskämpfer um Oberst i. G. Stauffenberg wurden in diesen Band nicht aufgenommen, weil es in ihm eine typische Auswahl der Todesurteile gegen Andersdenkende und weniger gegen Andershandelnde geht, damit die brutale Scheinjustiz des Volksgerichtshofs deutlicher wird.
Neben anderen ist diese Frage besonders aktuell: Wer waren die Richter, die sich zum handlichsten und gewissenlosesten Werkzeug des NS-Regimes machen ließen, und wie steht es – auch heute noch – um ihre Verantwortung? Wie steht es um die Fakten, aus denen der Botschafter der Bundesrepublik Deutschland in Bukarest, *Dr. M. Jovy,* die Frage ableitet:

> »Woher nehmen wir die moralische Rechtfertigung, Terroristen zu verurteilen, wenn die gnadenlosen Mordmaschinisten des Volksgerichtshofs und anderer NS-Gerichte bei uns in Ruhe ihre Pension verzehren können?«

Fragen sind oft schon halbe Antworten, zumindest aber zeigen sie, daß der eingangs aufgezeigte bequeme Ausweg um die Auseinandersetzung mit der faschistischen Rechtsprechung nicht gewählt werden darf. Im Nachwort des Berliner Justizsenators Gerhard Meyer wird u. a. hierauf näher eingegangen.

Die nationalsozialistische Rechtsauffassung

> »Der Richter hat in erster Linie die autoritären Willenskundgebungen des Führers als Ausdruck des gesunden Volksempfindens anzuschauen und seiner Entscheidung zugrunde zu legen. Tut er das, wird er nicht fehlgehen können.«
> *Gürtner-Freisler*, Das neue Strafrecht, Berlin 1936

Diese Dokumentation stellt sich nicht die Aufgabe, die nationalsozialistische Rechtsauffassung umfassend zu erörtern. Wichtig wäre in diesem Zusammenhang auch, ihre Wurzeln in der deutschen Rechtstheorie und Rechtsgeschichte vor 1933 freizulegen.[1]

Für das Verständnis der Urteilspraxis des Volksgerichtshofs ist es aber unerläßlich, die Aufgabe des Rechts in den Augen von Führer und höchster Gefolgschaft des Dritten Reiches zu kennen. Leitmotiv ist dabei die kompromißlose Unterordnung der Rechtsprechung unter die politischen Absichten.

In seiner Reichstagsrede vom 26. April 1942 nahm *Hitler* grundsätzlich zu Fragen des Rechts Stellung, (was er im übrigen nur selten tat):

> »Ich erwarte allerdings eines: Daß mir die Nation das Recht gibt, überall dort, wo nicht bedingungslos im Dienste der größeren Aufgabe, bei der es um Sein oder Nichtsein geht, gehorcht und gehandelt wird, sofort einzugreifen und dementsprechend selbst handeln zu dürfen. Front und Heimat, Transportwesen, Verwaltung und Justiz haben nur einem einzigen Gedanken zu gehorchen, nämlich dem der Erringung des Sieges. Es kann in dieser Zeit keiner auf seine wohlerworbenen Rechte pochen, sondern jeder muß wissen, daß es heute nur Pflichten gibt. Ich bitte deshalb den Deutschen Reichstag um die ausdrückliche Bestätigung, daß ich das gesetzliche Recht besitze, jeden zur Erfüllung seiner Pflichten anzuhalten, beziehungsweise denjenigen, der seine Pflichten nach meiner gewissenhaften Einsicht nicht erfüllt, entweder zur gemeinen Kassation zu verurteilen oder ihn aus Amt und Stellung zu entfernen ohne Rücksicht, wer es auch sei oder welche erworbenen Rechte er besitze...
>
> Ebenso erwarte ich, daß die deutsche Justiz versteht, daß nicht die Nation ihretwegen, sondern daß sie der Nation wegen da ist, das heißt, daß nicht die Welt zugrunde gehen darf, in der auch Deutschland eingeschlossen ist, damit ein formales Recht lebt, sondern daß

Deutschland leben muß, ganz gleich, wie immer auch formale Auffassungen der Justiz dem widersprechen mögen ... Ich werde von jetzt ab in diesen Fällen eingreifen und Richter, die ersichtlich das Gebot der Stunde nicht erkennen, ihres Amtes entheben...«[2]

In seiner Schlußansprache sagte Reichstagspräsident *Göring* hierzu:

»Der Führer muß daher – ohne an besondere Rechtsvorschriften gebunden zu sein – in seiner Eigenschaft als Führer der Nation, als Oberster Befehlshaber der Wehrmacht, als Regierungschef und oberster Inhaber der vollziehenden Gewalt, als oberster Gerichtsherr und als Führer der Partei, jederzeit in der Lage sein, nötigenfalls jeden Deutschen – sei er einfacher Soldat oder Offizier, niedriger oder höherer Beamter oder Richter, leitender oder dienender Funktionär der Partei, Arbeiter oder Angestellter – mit allen ihm geeignet erscheinenden Mitteln zur Erfüllung seiner Pflichten anzuhalten und bei Verletzung dieser Pflichten nach gewissenhafter Prüfung ohne Rücksicht auf sogenannte wohlerworbene Rechte mit der ihm gebührenden Sühne zu belegen, ihn im Besonderen ohne Einleitung vorgeschriebener Verfahren aus seinem Amte, aus seinem Rang und seiner Stellung zu entfernen.«[3]

Durch Erheben der Abgeordneten von ihren Plätzen wurde hierüber Beschluß gefaßt. Damit wurden die vom Führer in seiner Rede in Anspruch genommenen Rechte vom Reichstag bestätigt (siehe Anhang Nr. 11, S. 150).

Eine der unmittelbaren Auswirkungen dieser Reichstagsrede war die Einführung der sogenannten *Richterbriefe* durch den Reichsjustizminister *Dr. Thierack*. Die *Richterbriefe* waren vertraulich und dazu bestimmt, die Entscheidungsfindung der Richter im gewünschten politischen Sinne zu lenken. Die Nr. 1 vom 1. Oktober 1942 beginnt mit folgendem Aufruf des Reichsjustizministers:

»Deutsche Richter!

Nach alter germanischer Rechtsauffassung war immer der Führer des Volkes sein oberster Richter. Wenn also der Führer einen anderen mit dem Amt eines Richters belehnt, so bedeutet das, daß dieser nicht nur seine richterliche Gewalt vom Führer ableitet und ihm verantwortlich ist, sondern auch, daß Führertum und Richtertum wesensverwandt sind.

Der Richter ist demnach auch Träger der völkischen Selbsterhaltung. Er ist der Schützer der Werte eines Volkes und der Vernichter der Unwerte. Er ist der Ordner von Lebensvorgängen, die Krankheiten

Deutsche Justiz

Rechtspflege und Rechtspolitik

Gründer: Reichs- und Staatsminister Staatsrat Hanns Kerrl, ehemals Preußischer Justizminister

Amtliches Blatt der deutschen Rechtspflege

Justiz-Ministerial-Blatt / Wochenschrift
Herausgeber: Dr. Franz Gürtner, Reichsminister der Justiz
Gesamtbearbeitung: Ministerialrat Dr. Karl Krug im Reichsjustizministerium

101. Jahrgang   Berlin, den 7. Juli 1939   Ausgabe A Nr. 27

Volk, Reich und Führer, das ist der Inhalt des nationalsozialistischen Deutschland. Volk, Reich und Führer, sie bilden heute eine **Einheit**, wie sie Deutschland noch nie gekannt in seiner Geschichte. Noch nie war das deutsche Volk so in sich geschlossen und zugleich so bewußt seiner Kraft. Noch nie war das Reich so stark als Schutz des Volkes. Noch nie waren Volk und Reich so sicher geführt durch einen Führer!

Wir sind heute nicht mehr Spielball fremder Mächte und fremder Willkür, sondern wir sind freie Herren unserer freien Entschlüsse. Es soll die Welt draußen auch nicht übersehen und nicht vergessen: wir sind ein **politisches Volk** geworden, ein politisches Volk mit klarem Blick für die Schicksalsfragen der Nation. Wir sind ein geschlossener Block, eine bewußte Gemeinschaft!

                               Reichsminister Rudolf Heß
                                   am 2. Juli 1939 in Kaiserslautern
                                         (lt. V. B.)

Deutsche Justiz

Rechtspflege und Rechtspolitik

Gründer: Reichs- und Staatsminister Staatsrat Hanns Kerrl, ehemals Preußischer Justizminister

Amtliches Blatt der deutschen Rechtspflege

Justiz-Ministerial-Blatt / Wochenschrift
Herausgeber: Dr. Franz Gürtner, Reichsminister der Justiz
Gesamtbearbeitung: Ministerialrat Dr. Karl Krug im Reichsjustizministerium

101. Jahrgang Berlin, den 4. August 1939 Ausgabe A Nr. 31

Wer sein Volk liebt, beweist es einzig durch die Opfer, die er für dieses zu bringen bereit ist. Nationalgefühl, das nur auf Gewinn ausgeht, gibt es nicht. Nationalismus, der nur Klassen umschließt, gibt es ebensowenig. Hurraschreien bezeugt nichts und gibt kein Recht, sich national zu nennen, wenn dahinter nicht die große, liebende Sorge für die Erhaltung eines allgemeinen gesunden Volkstums steht.

Ein Grund zum Stolz auf sein Volk ist erst dann vorhanden, wenn man sich keines Standes mehr zu schämen braucht. Ein Volk aber, von dem die eine Hälfte elend und abgehärmt oder gar verkommen ist, gibt ein so schlechtes Bild, daß niemand Stolz darüber empfinden soll. Erst wenn ein Volkstum in allen seinen Gliedern an Leib und Seele gesund ist, kann sich die Freude, ihm anzugehören, bei allen mit Recht zu jenem hohen Gefühl steigern, das wir mit Nationalstolz bezeichnen. Diesen höchsten Stolz aber wird auch nur der empfinden, der eben die Größe seines Volkstums kennt.

Adolf Hitler
in „Mein Kampf" S. 474

Deutsche Justiz
Rechtspflege und Rechtspolitik

Gründer: Reichs- und Staatsminister Staatsrat Hanns Kerrl, ehemals Preußischer Justizminister

Amtliches Blatt der deutschen Rechtspflege

Justiz-Ministerial-Blatt / Wochenschrift
Herausgeber: Dr. Franz Gürtner, Reichsminister der Justiz
Gesamtbearbeitung: Ministerialrat Dr. Karl Krug im Reichsjustizministerium

101. Jahrgang   Berlin, den 8. September 1939   Ausgabe A Nr. 36

Der Führer hat das deutsche Volk zur Verteidigung seiner Lebensrechte aufgerufen.

In entschlossener Einmütigkeit hat sich das ganze Volk um den Führer geschart, um mit ihm Ehre und Freiheit Großdeutschlands zu wahren.

In diesem Kampf werden auch die deutschen Rechtswahrer, jeder auf seinem Platz, ihre Pflicht unter Nichtachtung aller Rücksichten auf sich selbst bis zum letzten erfüllen!

Unsere Kameraden an der Front werden uns Vorbild sein!

                Sieg Heil unserem Führer!

Berlin, den 3. September 1939

                                       Dr. Gürtner
                                       Reichsminister der Justiz

Deutsche Justiz
Rechtspflege und Rechtspolitik

Erlaß des Führers über besondere Vollmachten des Reichsministers der Justiz

Zur Erfüllung der Aufgaben des Großdeutschen Reiches ist eine starke Rechtspflege erforderlich. Ich beauftrage und ermächtige daher den Reichsminister der Justiz, nach meinen Richtlinien und Weisungen im Einvernehmen mit dem Reichsminister und Chef der Reichskanzlei und dem Leiter der Partei-Kanzlei eine nationalsozialistische Rechtspflege aufzubauen und alle dafür erforderlichen Maßnahmen zu treffen. Er kann hierbei von bestehendem Recht abweichen.

Führer-Hauptquartier, den 20. August 1942

Der Führer
Adolf Hitler

Der Reichsminister und Chef der Reichskanzlei
Dr. Lammers

Der Antrittserlaß des neuen Reichsjustizministers:

Der Führer hat mich nicht nur in das Amt des Reichsministers der Justiz berufen, sondern hat mir die Aufgabe gestellt, eine

starke, nationalsozialistische Rechtspflege

aufzubauen. Dies werde ich fortan mit aller Kraft vorantreiben und dieses Ziel nie aus den Augen lassen. Ich bedarf hierzu der Mitarbeit aller mir unterstellten Menschen und Einrichtungen. Diese werden alle herangezogen werden, damit die Rechtspflege, die der Führer für sein Volk mir als Ziel gesetzt hat, lebendig wird. Der Krieg läßt nicht alles sofort durchführen, aber das Kriegswichtige muß sofort durchgeführt werden, und am Tage des Sieges muß diese deutsche Rechtspflege stehen, bereit, ihre für die Zukunft des Reiches so wichtige Aufgabe zu erfüllen.

Vor allem aber wende ich mich an die Richter, die in Zukunft als tragende Säule mitten im Gebäude der deutschen Rechtspflege stehen werden. Rechtsprechen bedeutet keine Übung eines geschulten Verstandes, sondern das Ordnen von Lebensvorgängen im Volke. Ich will keine Richter sehen, deren Kunst sich darin erschöpft, das gesetzte Recht auf den ihnen unterbreiteten Sachverhalt mehr oder weniger scharfsinnig auszulegen. Das mögen Rechtsgelehrte tun, von denen das Volk kein Urteil verlangt.

Der Richter ist der beste und kann allein Anerkennung verdienen, dessen Urteile das vom Volke getragene Rechtsgefühl verkörpern. Das gesetzte Recht soll dem Richter hierbei helfen, nicht aber soll es den Richter so beherrschen, daß er darüber die Verbindung zu dem Rechtsgefühl seines Volkes verliert. Das Recht ist Leben, nicht die starre Form eines Rechtsgedankens. Rechtsgestaltung ist lebenswahre Anwendung des Rechtsgedankens, nicht die Auslegung toter Buchstaben. Ihnen zuliebe darf das wirkliche Leben nicht zurechtgebogen werden.

Jedem Richter ist es unbenommen, sich an mich zu wenden, falls er glaubt, durch das Gesetz gezwungen zu sein, ein lebensfremdes Urteil zu fällen. In einem solchen Notfall wird es meine Aufgabe sein, das Gesetz zur Verfügung zu stellen, das erforderlich ist.

Ich möchte im Urteil des Richters den deutschen Menschen erkennen, der mit seinem Volke lebt.

Berlin, den 24. August 1942

Thierack
Reichsminister der Justiz

Deutsche Justiz

Rechtspflege und Rechtspolitik

Herausgeber: Der Reichsminister der Justiz

| 12. Jahrgang | Berlin, den 10. Januar 1944 | Ausgabe A Nr. 1 |

Deutsche Rechtswahrer! Meine Mitarbeiter!

Das vergangene Jahr hat das deutsche Volk einer harten Prüfung unterzogen. Der Kampf an den Fronten, der feindliche Luftterror, die Anforderungen an jeden einzelnen auch in der Heimat haben sich verschärft. Das deutsche Volk ist dadurch nur noch härter und siegesentschlossener geworden. Es weiß, daß es in diesem Krieg der Weltanschauungen nicht um dynastische Interessen oder um Grenzberichtigungen geht, sondern daß um sein Schicksal als Volk und um das Leben jedes einzelnen Volksgenossen gerungen wird. Dieses Bewußtsein und der unerschütterliche Glaube an den Führer schweißen das deutsche Volk zu einem Block zusammen, dessen stählerne Härte die Hoffnungen des Feindes immer wieder zunichte macht.

Mit diesem unbeugsamen Willen zum Durchhalten geht das deutsche Volk nur noch stärker in das neue Jahr. Auch 1944 werden unsere Feinde mit ihrer Hoffnung, die innere Front des deutschen Volkes aufzubrechen und dadurch wie 1918 den Sieg zu erringen, eine bittere Enttäuschung erleben. Das deutsche Volk ist in den 11 Jahren, in denen der Nationalsozialismus ihm den Blick für die Grundlagen des völkischen Zusammenlebens und der Völkerschicksale geweitet hat, politisch reif geworden. Seine Führung wird darüber wachen, daß diese Geschlossenheit der inneren Front keinen Schaden erleidet.

Einer der wichtigsten Garanten dafür ist die Rechtspflege. Das deutsche Volk ist, wie es bei den Terrorangriffen der Anglo-Amerikaner bewiesen hat, auch den schlimmsten Belastungen gewachsen. Sein seines Empfinden für Recht und Gerechtigkeit verlangt nur, daß es gerecht zugeht, daß die Belastungen des Krieges gleichmäßig verteilt und Verräter und Saboteure der inneren Front rücksichtslos zur Verantwortung gezogen werden. Hierin liegt die wichtigste Kriegsaufgabe der Rechtspflege, die mit zunehmender Dauer des Krieges immer mehr an Bedeutung gewinnt.

Die deutsche Rechtspflege trägt damit eine große Verantwortung. Ich erwarte, daß jeder deutsche Rechtswahrer gemäß dieser Führungsaufgabe der Rechtspflege in Haltung und Leistung ein Vorbild ist.

Hinter den unmittelbar kriegswichtigen Aufgaben muß alles andere zurücktreten. Zwar hat auch das vergangene Jahr eine Reihe bedeutsamer rechtspolitischer Fortschritte gebracht. Ich erinnere etwa an das Reichsjugendgerichtsgesetz, die Erbhoffortbildungsverordnung und die weitere Rechtsangleichung mit den Alpen- und Donau-Reichsgauen auf dem Gebiet des Strafrechts. Diese kriegswichtigen Gesetzgebungsarbeiten sind zugleich Marksteine auf unserem Wege der Gestaltung eines neuen nationalsozialistischen großdeutschen Rechts. Im übrigen hat aber die Verschärfung des Krieges, die Notwendigkeit der Konzentration aller Kräfte auf kriegsentscheidende Aufgaben, zu einer Einstellung aller rechtspolitischen Arbeiten geführt, die nicht unmittelbar kriegswichtig sind. Wir werden diese Arbeiten nach dem Siege mit unseren von der Front heimgekehrten Kameraden wieder aufnehmen.

Unseren Kameraden an der Front gedenken wir an der Schwelle des neuen Jahres in herzlicher Dankbarkeit. Ihre Opfer ermöglichen es, daß wir mit fester Zuversicht das neue Arbeits- und Kampfjahr beginnen können.

Berlin, am 1. Januar 1944.

Thierack

im Leben des Volkskörpers sind. Ein starkes Richtertum ist für die Erhaltung einer wahren Volksgemeinschaft unerläßlich.
Mit dieser Aufgabe ist der Richter der unmittelbare Gehilfe der Staatsführung. Diese Stellung hebt ihn heraus, sie läßt aber auch die Begrenzung seiner Aufgaben erkennen, die nicht, wie eine liberalistische Doktrin glaubte, in der Kontrolle der Staatsführung liegen kann. Denn wenn ein Staat nicht eine Organisation besitzt, die dem Besten die Führung gibt, so kann die Rechtspflege durch ihre Tätigkeit diese Auslese nicht ersetzen...
Ein solches Richterkorps wird sich nicht sklavisch der Krücken des Gesetzes bedienen. Es wird nicht ängstlich nach Deckung durch das Gesetz suchen, sondern verantwortungsfreudig im Rahmen des Gesetzes die Entscheidung finden, die für die Volksgemeinschaft die beste Ordnung des Lebensvorgangs ist.
So stellt zum Beispiel der Krieg völlig andere Anforderungen an den Richter als eine ruhige Friedenszeit. Diesen Veränderungen muß sich der Richter anpassen. Dies kann er nur, wenn er die Absichten und Ziele der Staatsführung kennt. Der Richter muß daher stets in enger Verbindung zur Staatsführung stehen. Nur dadurch wird gewährleistet, daß er seine hohe Aufgabe für die Volksgemeinschaft erfüllt und daß nicht die Rechtspflege sich – losgelöst von ihren wahren Aufgaben in der Lebensordnung des Volkes – als Selbstzweck betrachtet. Daraus ergibt sich Sinn und Notwendigkeit einer Führung der Rechtspflege...«[4]

Der spätere Präsident des Volksgerichtshofs *Dr. Freisler* (zu seiner Biographie siehe S. 35) schrieb bereits im Jahre 1934 in einem Aufsatz über »Die Stellung des Richters zur kriminellen Erbschaft der Novemberrepublik«:

»Die Unterstellung einer Staatsführung unter einen Richterspruch ist nur erklärlich als eine völlige Verkennung der Organstellung, der Funktionen des Gerichtes im Leben des Volkes. Noch viel weniger aber darf ein Gericht sich zum Richter über die Geschichte aufwerfen. Nichts anderes aber bedeutet es, wenn ein Gericht ein Strafverfahren gegen Persönlichkeiten des öffentlichen Lebens, die aus der Öffentlichkeit abgetreten sind, zum Anlaß nimmt, sich zum Zensor der politischen Qualitäten solcher Persönlichkeiten zu machen und sich in der Urteilsbegründung dem bereits gesprochenen Urteil der Geschichte entgegenzustellen.
Wir haben die Aufgabe, den Ruf des Gewissens unseres Volkes für solche Unsauberkeit sachlich zu verwirklichen. Dies ist die Aufgabe der Gerichte. Gewiß sind die Gerichte bei der Prüfung des Vorwurfs strafbarer Unsauberkeit an die geltenden Gesetze gebunden; aber der Geist, aus dem heraus diese Gesetze ausgelegt und angewandt

werden, muß und kann nur unser Geist, der Geist des Nationalsozialismus, sein . . .

Die Geschichte bleibt unerbittlich und unbestechlich; denn sie ist wahr. Derjenige aber, der den Versuch macht, das Urteil der Geschichte zu korrigieren, setzt sich damit einer Beurteilung aus, die für ihn sicher nicht angenehm ist.

Denn er hat sich über die Grenzen seiner Aufgabe hinausbegeben, hat seine Organstellung, seine Funktion im Volke vergessen. Er hat ohne jede Berechtigung hierzu den Versuch gemacht, den Stab, den die Geschichte als Richter gebrochen hat, notdürftig wieder zusammenzuleimen; er hat vergessen, daß er dazu da ist, eine etwa von ihm festgestellte strafbare Übeltat mit der ganzen Strenge des nationalsozialistischen Volksgewissens, dessen autorisierter Sprecher der Richter sein soll, zu bezeichnen und die für solche Übeltat angemessene Sühne zu bestimmen, daß er aber nicht dazu da ist, Orden persönlicher Ehrenhaftigkeit an diejenigen auszuteilen, die er im selben Atemzug kraft seines Richteramtes nach Recht und Gesetz verurteilt hat. Vom nationalsozialistischen Standpunkt aus, der allein im Staat maßgebend sein kann, bedeutet es einen Rückfall in die Methoden des neutralen Staates und somit eine Sünde wider den Geist, wenn ein Gericht zwar einen Angeklagten wegen Untreue verurteilt, auch feststellt, daß dieser Angeklagte in einem Fall diese Untreue zur Selbstbereicherung begangen hat, aber gewissermaßen entschuldigend glaubt hinzufügen zu müssen, daß er in anderen Fällen nur aus Gutmütigkeit untreu geworden sei, und daß infolge eines angeblichen oder vermeintlichen guten Willens in anderen Angelegenheiten das Deutsche Volk ihm gewissermaßen schuldig sei, ihn anders anzusehen, als es heute einen politischen Führer, der strafbarer Untreue schuldig geworden ist, ansehen will.«[5]

Nicht weniger deutlich sind die vom »Reichsrechtsführer« *Frank* aufgestellten Leitsätze vom 14. Januar 1936:

»1. Der Richter ist nicht als Hoheitsträger des Staates über den Staatsbürger gesetzt, sondern er steht als Glied in der lebendigen Gemeinschaft des deutschen Volkes. Es ist nicht seine Aufgabe, einer über der Volksgemeinschaft stehenden Rechtsordnung zur Anwendung zu verhelfen oder allgemeine Wertvorstellungen durchzusetzen, vielmehr hat er die konkrete völkische Gemeinschaftsordnung zu wahren, Schädlinge auszumerzen, gemeinschaftswidriges Verhalten zu ahnden und Streit unter Gemeinschaftsgliedern zu schlichten.
2. Grundlage der Auslegung aller Rechtsquellen ist die nationalsozialistische Weltanschauung, wie sie insbesondere in dem Parteiprogramm und den Äußerungen unseres Führers ihren Ausdruck findet.
3. Gegenüber Führerentscheidungen, die in die Form eines Gesetzes

oder einer Verordnung gekleidet sind, steht dem Richter kein Prüfungsrecht zu. Auch an sonstigen Entscheidungen des Führers ist der Richter gebunden, sofern in ihnen der Wille Recht zu setzen, unzweideutig zum Ausdruck kommt.
4. Gesetzliche Bestimmungen, die vor der nationalsozialistischen Revolution erlassen worden sind, dürfen nicht angewendet werden, wenn ihre Anwendung dem heutigen gesunden Volksempfinden ins Gesicht schlagen würde. Für die Fälle, in denen der Richter mit dieser Begründung eine gesetzliche Bestimmung nicht anwendet, ist die Möglichkeit geschaffen, höchstrichterliche Entscheidung herbeizuführen.
5. Zur Erfüllung seiner Aufgaben in der Volksgemeinschaft muß der Richter unabhängig sein. Er ist nicht an Weisungen gebunden. Unabhängigkeit und Würde des Richters machen geeignete Sicherungen gegen Beeinflussungsversuche und ungerechtfertigte Angriffe erforderlich.«[6]

Hieraus folgt: Richterliche Unabhängigkeit, ja, aber absolute Abhängigkeit von der politischen Führung. Unmißverständlich hat dies der führende Kopf des nationalsozialistischen Flügels der »Rechtswahrerschaft« *Carl Schmitt* im Jahre 1934 formuliert:

»Der Führer schützt das Recht vor dem schlimmsten Mißbrauch, wenn er im Augenblick der Gefahr kraft seines Führertums als oberster Gerichtsherr unmittelbar Recht schafft ... Der wahre Führer ist immer auch Richter. Aus dem Führertum fließt das Richtertum. Wer beides voneinander trennen oder gar entgegensetzen will, macht den Richter entweder zum Gegenführer oder zum Werkzeug eines Gegenführers und sucht den Staat mit Hilfe der Justiz aus den Angeln zu heben ...
In Wahrheit war die Tat des Führers echte Gerichtsbarkeit. Sie untersteht nicht der Justiz, sondern war selbst höchste Justiz.«[7]

Carl Schmitt verstand es auch meisterhaft, das »völkische Element« in die nationalsozialistische Rechtsauffassung einzuarbeiten und der Richterschaft »arteigenes Rechtsdenken« zu vermitteln:

»Wir wissen nicht nur gefühlsmäßig, sondern auf Grund strengster wissenschaftlicher Einsicht, daß alles Recht das Recht eines bestimmten Volkes ist. Es ist eine erkenntnistheoretische Wahrheit, daß nur derjenige imstande ist, Tatsachen richtig zu sehen, Aussagen richtig zu hören, Worte richtig zu verstehen und Eindrücke von Menschen und Dingen richtig zu bewerten, der in einer serienmäßigen, artbestimmten Weise an der rechtsschöpferischen Gemeinschaft teilhat und existenziell ihr zugehört. Bis in die tiefsten, unbewußten Regungen des Gemütes, aber auch bis in die kleinste Gehirnfaser hinein steht der Mensch in der Wirklichkeit dieser Volks- und Rassenzugehörigkeit. Objektiv ist nicht jeder, der es sein möchte und der mit subjektiv gutem Gewissen glaubt, er habe sich genug angestrengt, um objektiv zu sein. Ein Artfremder mag sich noch so kritisch gebärden und noch so scharfsinnig bemühen, mag Bücher lesen und Bücher schreiben, er denkt und versteht anders, weil er anders geartet ist, und bleibt in jedem entscheidenden Gedankengang in den existenziellen Bedingungen seiner eigenen Art. Das ist die objektive Wirklichkeit der »Objektivität«.

Wir suchen eine Bindung, die zuverlässiger, lebendiger und tiefer ist als die trügerische Bindung an die verdrehbaren Buchstaben von tausend Gesetzesparagraphen. Wo anders könnte es liegen als in uns selbst und unserer eigenen Art? Auch hier, angesichts des untrennbaren Zusammenhanges von Gesetzesbindung, Beamtentum und richterlicher Unabhängigkeit münden alle Fragen und Antworten in dem Erfordernis einer Artgleichheit, ohne die ein totaler Führerstaat nicht einen Tag bestehen kann.«[8]

Nach diesen Grundsätzen wurde auch der juristische Nachwuchs ausgebildet und ausgewählt. Im Jahre 1936 forderte der damalige Staatssekretär *Dr. Freisler* auf einer Gemeinschaftsleitertagung:

»Der Referendar muß von den Anschauungen erfüllt sein, die der Nationalsozialismus zur Grundlage der Anschauungen des deutschen Volkes erhoben hat. Wird das nicht erreicht, so wirft der erste den Mann um. Aber sorgen Sie dafür, daß die nationalsozialistische Weltanschauung den Referendaren eine Sache tiefer innerer Überzeugung ist, und lassen Sie niemand mit einer Phrase durch ...
Die Volksführung erwartet, daß der Rechtswahrer in der allgemeinen Marschrichtung marschiert, die sie angibt.
Erziehen Sie den Rechtswahrernachwuchs dazu, daß er die Unabhängigkeit des Richters sieht in dem Stolz darauf, daß er gebunden ist an das Wollen der Volksführung und daß er auf diesem Marsche des Volkes eine bedeutungsvolle Aufgabe erfüllen darf. Erziehen Sie die Referendare zur wahren Freiheit deutschen Richtertums.«[9]

Erstaunt ist man aber über zahlreiche deutsche Hochschullehrer, die bereitwillig, ja teilweise sogar begeistert, das »neue Recht« dozierten. *Alexis de Tocqueville* ist bereits 1836 zu der Erkenntnis gekommen,

> »daß sich in allen zivilisierten Ländern neben einem Despoten, der befiehlt, fast immer ein Rechtsgelehrter befindet, der dessen willkürliche und unzusammenhängende Willensakte in eine Ordnung und Übereinstimmung bringt ... Die einen liefern die Macht, die andern das Recht. Jene gelangen durch Willkür zur höchsten Macht, diese durch Legalität. An dem Schnittpunkt, an dem sie sich begegnen, entsteht ein Despotismus, der der Menschheit kaum die Luft zum Atmen läßt; wer nur an den Fürsten denkt, nicht an den Juristen, kennt nur die eine Seite der Tyrannei, um das Ganze zu erfassen, muß man aber beide zugleich im Auge haben.«[10]

Dem ist nichts hinzuzufügen, wenn man die nachfolgenden beispielhaften Äußerungen gelesen hat:

> »Was wir brauchen, das ist allein der politische, nationalsozialistische Mensch. Ihn im Geiste des Führers zu erziehen und damit Bausteine zum Fundament des deutschen Führerstaates beizutragen, scheint mir heute die wichtigste Aufgabe aller deutschen Hochschullehrer im Rahmen ihrer Arbeit zu sein. Heil Hitler!«
>
> »Der Liberalismus, dem die Ganzheits- und Einheitsvorstellung von Volk und Staat fehlte, hatte deshalb auch kein Verständnis für das Wesen der Autorität; der liberale Staat ist der Idee nach immer ein »autoritätsloser Freiheitsstaat«. Wenn Hitler als Grundsatz des Aufbaus des deutschen Führerstaates bezeichnet hat »Autorität jedes Führers nach unten und Verantwortlichkeit nach oben«, so hat er damit das Wesen der echten Führerschaft umschrieben. Denn wesentlich ist für den Führerstaat die Anerkennung des Grundsatzes der offenen Verantwortlichkeit der Führer. Nur sie kann politisch einheits- und gemeinschaftsbildend wirken; nur durch sie wird die bewußte politische Verbundenheit von Volk und Staat erreicht, die zum Wesen des echten autoritären Staates gehört. Der Führerstaat trägt immer antiliberale Züge, und er kann auch niemals geprägt und gestaltet werden durch den Typus des liberalen Menschen, sondern nur durch den Typus von Männern, die sich ihrer inneren Verbundenheit mit Volk und Staat stets bewußt sind ...
>
> Totaler Staat kann deshalb auch immer nur ein von einer bestimmten Staatsidee getragener Staat sein. Der deutsche Führerstaat muß deshalb die nationalsozialistische Staatsidee als einheitliche Haltung dem ganzen Volke aufprägen. Darin besteht die eigentliche Aufgabe der Partei als Bewegung, die ja als solche mit den alten Parteien nichts mehr zu tun hat«.
>
> *Otto Koellreutter*, ordentlicher Professor des Rechts, aus »Der Deutsche Führerstaat«, 1934

»Der totale Staat muß ein Staat der totalen Verantwortung sein. Er stellt die totale Inpflichtnahme jedes Einzelnen für die Nation dar. Diese Inpflichtnahme hebt den privaten Charakter der Einzelexistenz auf. In allem und jedem, in seinem öffentlichen Handeln und Auftreten ebenso wie innerhalb der Familie und häuslichen Gemeinschaft verantwortet jeder einzelne das Schicksal der Nation. Nicht daß der Staat bis in die kleinsten Zellen des Volkslebens hinein Gesetze und Befehle ergehen läßt, ist wesentlich, sondern daß er auch hier eine Verantwortung geltend machen, daß er den einzelnen zur Rechenschaft ziehen kann, der sein persönliches Geschick nicht dem der Nation völlig unterordnet. Dieser Anspruch des Staates, der ein totaler ist und an jeden Volksgenossen gestellt ist, macht das neue Wesen des Staates aus.«

Ernst Forsthoff, ordentlicher Professor des Rechts, aus »Der totale Staat«, 1933

»Erst der politische Durchbruch der völkischen Weltanschauung hat die liberalen Grundrechte wirklich überwinden können. Insbesondere die Freiheitsrechte des Individuums gegenüber der Staatsgewalt mußten verschwinden, sie sind mit dem Prinzip des völkischen Reiches nicht vereinbar. Es gibt keine persönliche, vorstaatliche und außerstaatliche Freiheit des Einzelnen, die vom Staat zu respektieren wäre. An die Stelle des isolierten Individuums ist der in die Gemeinschaft gliedhaft eingeordnete Volksgenosse getreten, der von der Totalität des politischen Volkes erfaßt und in das Gesamtwirken einbezogen ist. Es kann hier keine private staatsfreie Sphäre mehr bestehen, die der politischen Einheit gegenüber unantastbar und heilig wäre. Die Verfassung des völkischen Reiches baut sich daher nicht auf einem System von angeborenen und unveräußerlichen Rechten der Einzelperson auf.«

Ernst Rudolf Huber, ordentlicher Professor des Rechts, aus »Verfassungsrecht des Großdeutschen Reiches«, 1939

»Es gehört deshalb zu den Kennzeichen der Echtheit der nationalsozialistischen Revolution, daß die Bewegung eine zuvor versiegte Rechtsquelle: das Volkstum, wieder entdeckt und eine neue: das Führertum, erschlossen hat. Weiter weist sie sich dadurch als schöpferische Bewegung aus, daß sie dem Gerechtigkeitsgedanken einen neuen Inhalt geben will und damit ein neues Rechtsideal fordert. Es ist nicht mehr das herkömmliche Ideal formaler Gleich-

heit der abstrakten Rechtssubjektive, es ist der Gedanke ständisch gestufter Ehre der völkischen Rechtsgenossen ...
Der Anspruch des nationalsozialistischen Staates ergreift das irdische Dasein des Menschen in umfassender Weise. Er findet seine Grenze weder an geschichtlichen Traditionen noch an gewissen Grundrechten oder Menschenrechten ...
Im Alltag des Rechtslebens wird echter Nationalsozialismus sich wohl dort am ehesten finden, wo der Idee des Führers wortlos, aber treulich nachgelebt wird.«

> *Erik Wolf*, ordentlicher Professor des Rechts, aus »Das Rechtsideal des Nationalsozialistischen Staates«, 1934

»Schwächliche Rücksichten auf den einzelnen werden im Gegensatz zum liberalistischen Staat nicht mehr genommen. Gegen den Rechtsbrecher, den Staatsfeind und Feind der Volksgemeinschaft gibt es in Strafmaß und Strafvollzug nur eins: kraftvolle Strenge und erforderlichenfalls völlige Vernichtung ... Wir haben es endlich gelernt, daß die Kopfform und sonstigen rassischen Merkmale des Menschen weder ein Zufall noch gleichgültig sind, sondern Ausdruck und Grundlage seines innersten Fühlens und Wollens. Seele bedeutet, wie Alfred Rosenberg in seinem Mythos des 20. Jahrhunderts so schön sagt: Rasse von innen gesehen. Und umgekehrt ist Rasse die Außenseite einer Seele ...«

> *Günther Küchenhoff*, Fakultätsassistent an der Juristischen Fakultät der Universität Breslau, aus »Nationaler Gemeinschaftsstaat, Volksrecht und Volksrechtsprechung«, 1934

Erstaunlich ist die oft gründliche und schnelle Kehrtwendung, welche die meisten dieser renommierten Hochschullehrer nach dem Zusammenbruch des NS-Systems vollzogen haben. In ihrer wissenschaftlichen und pädagogischen Arbeit qualifizierten manche sich zu entschiedenen Vertretern vorstaatlich grundrechtlicher und demokratisch rechtsstaatlicher Positionen. Die Frage nach den Ursachen ihrer faschistischen Anfälligkeit ist damit allerdings noch nicht beantwortet; sie ist immer noch offen.
Aus dieser Zusammenstellung einiger weniger beispielhafter Bekenntnisse und programmatischer Sätze deutscher Professoren und Rechtswissenschaftler ergibt sich schon von selbst, daß

nicht nur eine zu allem bereite Minderheit ungebildeter Fanatiker den Rechtsterror des Dritten Reiches praktiziert haben; auch Intellektuelle haben das System begründet, gerechtfertigt und perfektioniert – zu einer Zeit, in der ihnen die persönliche Entscheidungsfreiheit, mitzumachen oder nicht, noch nicht genommen war. Erst in der Kriegszeit wurden sie selbst Opfer des engmaschigen Netzes, das sie mitgeflochten hatten, und konnten sich ohne persönliche Gefährdung meist nicht mehr entziehen. Doch es gab auch andere – und dies darf der Ehrlichkeit und Vollständigkeit wegen nicht unerwähnt bleiben –, die schon frühzeitig erkannten, wohin die Reise ging, und die sich nicht vor den nationalsozialistischen Karren spannen ließen. Zu ihnen gehörte beispielsweise der Staatsrechtler an der Universität Heidelberg Professor *Gerhard Anschütz*. Er reichte bereits am 31. März 1933 sein Emeritierungsgesuch ein. Nachdem er als Staatsrechtler wußte, daß Recht und Politik nicht völlig zu trennen sind und es »Aufgabe des Staatsrechtslehrers nicht nur ist, den Studierenden die Kenntnis des deutschen Staatsrechts zu übermitteln, sondern auch, die Studierenden im Sinn und Geist der geltenden Staatsordnung zu erziehen«, konnte er aufgrund seiner Überzeugung nicht mehr im öffentlichen Dienst weiterarbeiten.

> »Hierzu ist ein hoher Grad innerlicher Verbundenheit des Dozenten mit der Staatsordnung nötig. Die mir obliegende Pflicht zur Aufrichtigkeit fordert von mir, zu bekennen, daß ich diese Verbundenheit mit dem jetzt im Werden begriffenen neuen deutschen Staatsrecht zur Zeit nicht aufbringen kann ... Ich fühle mich aus den oben vorgetragenen Gründen verpflichtet, der Staatsregierung mein Amt zur Verfügung zu stellen, um ihr eine geeignete Neubesetzung zu ermöglichen.«[11]

Auch einige Richter im Dritten Reich wußten trotz und in ihrer Funktion noch Recht von Unrecht zu unterscheiden (siehe hierzu S. 110 ff.).

Der Volksgerichtshof: Entstehung, Organisation, Aufgabe

> »Es ist nicht vom Gesetz auszugehen, sondern vom Entschluß, der Mann muß weg!«
> Reichspropagandaminister *Goebbels* im Jahre 1942 in einer Ansprache vor den Richtern des Volksgerichtshofs

Aus der nationalsozialistischen Rechtsauffassung ergab sich zwingend die Umbildung der Gerichtsbarkeit, insbesondere was die Staatsschutzdelikte Hoch- und Landesverrat anbelangte. Es mußte sichergestellt werden, daß gerade in diesem wichtigen Bereich bei der Aburteilung der Gegner des Nationalsozialismus die politische Funktion des Rechts voll realisiert werden konnte.
Die Umorganisation konnte natürlich erst nach der Machtergreifung erfolgen, *Hitler* hat jedoch das grundsätzliche Problem bereits frühzeitig erkannt. Noch unter dem Eindruck seines eigenen Prozesses vor dem Münchener Volksgericht im Frühjahr 1924 schrieb er in »Mein Kampf« über die Bildung eines deutschen Nationalgerichtshofs:

> »Es ist lächerlich unlogisch, einen Burschen umzubringen, der eine Kanone verraten hat, während nebenan in höchsten Würdenstellen Kanaillen sitzen, die ein ganzes Reich verkauften, das vergebliche Opfer von zwei Millionen Toten auf dem Gewissen haben, Millionen Krüppel verantworten müssen, dabei aber seelenruhig ihre republikanischen Geschäfte machen. Kleine Landesverräter beseitigen, ist sinnlos in einem Staat, dessen Regierung selbst die Landesverräter von jeder Strafe befreit. Denn so kann es passieren, daß eines Tages der redliche Idealist, der für sein Volk einen schuftigen Waffenverräter beseitigt, von kapitalen Landesverrätern zur Verantwortung gezogen wird. Und da ist es doch eine wichtige Frage: Soll man solch eine verräterische kleine Kreatur wieder durch eine Kreatur beseitigen lassen oder durch einen Idealisten? Im einen Fall ist der Erfolg zweifelhaft und der Verrat für später fast sicher; im anderen Fall wird ein kleiner Schuft beseitigt und dabei das Leben eines vielleicht nicht zu ersetzenden Idealisten aufs Spiel gesetzt.
> Im übrigen ist in dieser Frage meine Stellungnahme die, daß man nicht kleine Diebe hängen soll, um große laufen zu lassen, sondern daß einst ein deutscher Nationalgerichtshof etliche Zehntausend der organisierenden und damit verantwortlichen Verbrecher des Novemberverrats und alles dessen, was dazugehört, abzuurteilen und

hinzurichten hat. Ein solches Exempel wird dann auch dem kleinsten Waffenverräter einmal für immer die notwendige Lehre sein.«[1]

Die Vernichtungsmaschine des Volksgerichtshofs hat sich später perfekter eingespielt, als *Hitler* sich das 1925 hat träumen lassen: sie überrollte auch die kleinen und kleinsten »Verräter«.

Am 27. Februar 1933, vier Wochen nach der Machtergreifung, wurde der holländische Wanderbursche *Marinus van der Lubbe* im brennenden Reichstagsgebäude in Berlin angetroffen.

Neben ihm wurden drei bulgarische Emigranten, nämlich *Dimitroff, Popoff* und *Taneff,* sowie der kommunistische Reichstagsabgeordnete *Torgler,* der als einer der letzten den Reichstag vor dem Brandausbruch verließ, als dringend tatverdächtig verhaftet. In der Hauptverhandlung vor dem 4. Strafsenat des Reichsgerichts am 21. September 1933 standen die Richter vor erheblichen Beweisschwierigkeiten und mußten sich vor allem mit der am 28.(!) Februar erlassenen Notverordnung der Reichsregierung auseinandersetzen, welche die Grundrechte der Weimarer Verfassung außer Kraft setzte und für Hochverrat und Brandstiftung die Todesstrafe einführte (siehe Anhang Nr. 3, S. 140). Außerdem wurde aufgrund des Ermächtigungsgesetzes vom 24. März 1933 (siehe Anhang Nr. 1, S. 139), welches der Reichsregierung die Befugnis einräumte auch von der Verfassung abzuweichen, das Gesetz über Verhängung und Vollstreckung der Todesstrafe vom 29. März 1933 erlassen (bekannt als »lex van der Lubbe«), womit die Todesstrafe für Hochverrat und Brandstiftung auch *rückwirkend* verhängt und vollstreckt werden konnte. Die Rechtsfragen »meisterte« das Reichsgericht im Sinne der politischen Staatsführung, obwohl der Pflichtverteidiger *Dr. Seuffert* darauf hinwies, daß der aufgehobene § 2 des Strafgesetzbuchs (StGB) ebenso wie Artikel 116 der Weimarer Verfassung einen seit der Französischen Revolution in ganz Europa bestehenden Rechtsgrundsatz enthalte, wonach eine Handlung nur dann mit Strafe belegt werden könne, wenn diese Strafe gesetzlich bestimmt war, bevor die Tat begangen wurde (Verbot der rückwirkenden Straffestsetzung!). *Van der Lubbe* wurde deshalb wegen Hochverrat in Tateinheit mit aufrührerischer Brandstiftung zum Tode verurteilt. Die Strafe wurde am 10. Januar 1934 durch das Fallbeil vollstreckt.

Die anderen vier Angeklagten wurden dagegen mangels Beweises freigesprochen.

Nachdem der Prozeß in der Öffentlichkeit angespannt verfolgt wurde und die NS-Führung die Brandstiftung als Werk der Kommunisten propagierte, war die Enttäuschung über den Prozeßausgang groß, obwohl das Reichsgericht in den Urteilsgründen davon ausging, daß die Inbrandsetzung des Reichstags den hochverräterischen Zielen des KPD-Programms entspreche und *van der Lubbe* im Dienste dieser hochverräterischen Pläne gestanden habe.

In einer parteiamtlichen Veröffentlichung der NSDAP zum Urteil des Reichsgerichts wird verärgert festgestellt:

»Das Urteil im Reichstagsprozeß, demzufolge Torgler und die drei bulgarischen Kommunisten aus formaljuristischen Gründen freigesprochen wurden, ist nach dem Rechtsempfinden des Volkes ein glattes Fehlurteil.

Wir können uns nicht einmal die formaljuristischen Gründe des Gerichts zu eigen machen, da selbst sie dem heutigen staatspolitischen Rechtsbewußtsein in Deutschland in keiner Weise entsprechen. Wenn das Urteil nach dem wahren Recht, das im neuen Deutschland wieder seine Geltung haben soll und im Volksempfinden seine Wurzel hat, gesprochen worden wäre, hätte es anders gelautet ...

Wäre in Deutschland der Kommunismus nicht von der nationalsozialistischen Revolution niedergeschlagen und seine Träger nicht unschädlich gemacht worden – durch solche falschen juristischen Verfahren, wie das soeben beendete, wäre die kommunistische Gefahr in Deutschland niemals beseitigt worden.

So ist gerade dieses Urteil ein Fehlurteil, das mehr vielleicht als jedes andere die Notwendigkeit einer grundlegenden Reform unseres Rechtslebens, das sich vielfach noch in den Gleisen überwundenen volksfremden, liberalistischen Denkens bewegt, mit aller Deutlichkeit erweist und sie dem Volke vor Augen führt.«[2]

Dies war der Startschuß für die Reform. Im Anschluß an eine Kabinettssitzung am 23. März 1934 wurde die Errichtung eines besonderen Volksgerichtshofs zur Aburteilung von Hoch- und Landesverratsverbrechen beschlossen. An der Besprechung nahmen teil: *Hitler, Göring, Dr. Frick, Dr. Gürtner* und *Röhm.*[3] Durch das Gesetz zur Änderung von Vorschriften des Strafrechts und des Strafverfahrens vom 24. April 1934 (Anhang 4, S. 142) wurden dem Reichsgericht die erstinstanzlichen Strafsachen entzogen und dem neu zu bildenden Volksgerichtshof übertragen.

Durch besondere organisatorische Maßnahmen wurde der politische Einfluß auf die innere Struktur und damit auf die Rechtsprechung des Volksgerichtshofs sichergestellt. Der Volksgerichtshof entschied mit fünf Richtern (außerhalb der Hauptverhandlung mit drei), wobei nur der Vorsitzende und ein Beisitzer die berufliche Befähigung zum Richteramt haben mußten. Damit waren von vornherein die parteiamtlichen und linientreuen Laien in der Mehrzahl. Die ehrenamtlichen Richter wurden auf Vorschlag des Reichsjustizministers für fünf Jahre berufen. Die Berufung selbst hat sich *Hitler* vorbehalten. (Siehe hierzu auch Anhang 2, S. 139.)

Aufschlußreich ist, wie sich die Anzahl der Richter im Laufe der Jahre ausdehnte, und aus welchen Kreisen die ehrenamtlichen Richter stammten. Am 1. Januar 1939 war der Volksgerichtshof mit einem Präsidenten, einem Vizepräsidenten, zwei Senatspräsidenten, acht Volksgerichtsräten und fünf abgeordneten Richtern besetzt. Am 1. Januar 1944 waren es zusätzlich ein Volksgerichtsrat und 20 Hilfsrichter. Die Zahl der ehrenamtlichen Richter war weitaus größer.*

Im Jahre 1939 waren es 95 und fünf Jahre später 173! Nach Feststellungen des Berliner Generalstaatsanwalts waren am Volksgerichtshof insgesamt 570 Richter, ehrenamtliche Richter und Anklagevertreter tätig, von denen 1980 noch mit Sicherheit 51 leben. Die ehrenamtlichen Richter kamen fast alle aus Parteiorganisationen (nach der Geschäftsverteilung für 1944, in Klammern für 1939): 40 (30) Offiziere, 13 (4) Polizeioffiziere, 82 (48) SA-, SS-, NSKK- und HJ-Führer, 10 (–) RAD (Reicharbeits-

---

* Einer von diesen ehrenamtlichen Beisitzern war z. B. der 1879 in Wyk auf der Nordseeinsel Föhr geborene und dort 1972 verstorbene Fliegerheld aus dem ersten Weltkrieg *Friedrich Christiansen*. Er erhielt bereits 1918 die Ehrenbürgerwürde seiner Heimatstadt, wurde weltberühmt als Kommandant des Wasserflugzeugs Do-X und amtierte von 1934 bis 1940 – also in der Zeit vor *Freisler* – als Beisitzer am Volksgerichtshof. Er war in der NS-Zeit auch Reichskommissar für Luftfahrt und deutscher Militärbefehlshaber in den Niederlanden. Erst jetzt wurde ein jahrelanger Streit um die Benennung einer Straße nach seinem Namen entschieden. Bisher widersetzten sich in der Ratsversammlung von Wyk die CDU, die FDP und die Kommunale Wählergemeinschaft der Umbenennung von Friedrich-Christiansen-Straße in Große Straße (frühere Bezeichnung bis 1932!). Nunmehr erfolgte die Umbenennung doch noch und zwar mit den Stimmen der SPD und bei Stimmenthaltung der anderen Parteien und Gruppierungen.[4]

dienst-)Führer und 28 (13) andere Personen, in der Hauptsache politische Leiter und Beamte.[5] Damit war der uneingeschränkte Einfluß der Partei sichergestellt und die Funktion des Volksgerichtshofs als nationalsozialistisches Machtinstrument gefestigt. Für diese Art der Auswahl der ehrenamtlichen Richter gab es aus nationalsozialistischer Sicht auch eine einleuchtende Begründung. Kein geringerer als *Freisler* (siehe zur Biographie S. 35) selbst gab sie im »*Völkischen Beobachter*« vom 18. April 1936:

> »Bis zur nationalsozialistischen Machtergreifung wurde der sogenannte »Laienrichter« unter Einschaltung eines möglichst starken Zufälligkeitselements, unter möglichstem Mißbrauch des Loses, ausgewählt; die Furcht vor der Macht des Staates führte zur Proklamierung der unsinnigsten Richterauswahl als Palladium der Bürgerfreiheit. Der Nationalsozialismus aber wählt seine Volksrichter nach ihrer persönlichen Geeignetheit und besonderen Sachkenntnis. Auf Vorschlag des Reichsministers der Justiz ernennt der Führer die Volksrichter, die der Wehrmacht und der Polizei, der NSDAP und ihren Gliederungen entnommen und somit wie niemand anders geeignet sind, das Volk selbst zum Träger der Rechtspflege zu machen.«

Selbstverständlich mußten auch die berufsmäßigen Richter in diesem Sinne »zuverlässige und geeignete Persönlichkeiten« sein. Nur beispielhaft soll dies anhand von zwei dienstlichen Beurteilungen eines Richters durch den jeweiligen Präsidenten des Volksgerichtshofs dokumentiert werden[6]:

> »... Landgerichtsrat ... ist ein gerader, aufgeschlossener Mann mit zielbewußter Einstellung, dabei von gebotener Zurückhaltung und gutem Benehmen. Er hat sich in der Kampfzeit bereits in den Gliederungen der Partei betätigt und ist jetzt SA-Führer und Kreisamtsleiter der NSDAP. Sein dienstliches und außerdienstliches Verhalten ist ohne jeden Tadel und seine positive Einstellung zum nationalsozialistischen Staat wird durch diese aktive Mitarbeit dargetan.«
>
> Berlin, den 13. 9. 1941 gez. Dr. Thierack

> »... Neben guten Rechtskenntnissen verfügt Parteigenosse ... über ein gesundes Rechtsempfinden, das in seiner unbedingt zuverlässigen nationalsozialistischen Weltanschauung fest begründet ist. In der Beratung vertritt er seine Vorschläge mit Klarheit und Entschiedenheit, aber auch mit allem Takt, so daß er sich auch bei den ehrenamtlichen Beisitzern großer Wertschätzung erfreut.«
>
> Berlin, den 2. 6. 1944 gez. Dr. Freisler

Über die Geschäftsverteilung des Volksgerichtshofs für die einzelnen Senate gibt Anhang 12, S. 151 Auskunft.
Die Bilanz der vom Volksgerichtshof verhängten Strafen in der Statistik[7]:

Jahr	Ange- klagte	Todes- strafe	Zuchthaus über/unter 10 Jahren		Gefäng- nis	Frei- spruch
1937	618	32	107	216	99	52
1938	614	17	85	202	105	54
1939	470	36	70	189	131	40
1940	1091	53	119	649	188	80
1941	1237	102	261	654	143	70
1942	2572	1192	442	596	183	107
1943	3338	1662	290	886	259	181
1944	4379	2097	129	1260	331	489
insg.	14319	5191	1503	4652	1439	1073

Von 1937 bis 1944 wurden 2 (!) Geldstrafen verhängt und 109 Angeklagte in Straflager eingewiesen. In den Jahren 1934 bis 1936 hat der Volksgerichtshof insgesamt 23 Todesurteile verhängt.
Auffallend ist, daß ab dem Jahre 1942 die Anzahl der Todesurteile sprunghaft in die Höhe schnellte. Dies mag teilweise auf die angespanntere Kriegssituation und auf schärfere Gesetze zurückzuführen sein, einen entscheidenden Einfluß hierauf hatte aber wohl der Wechsel in der Präsidentschaft des Volksgerichtshofs. Von 1936 bis 1942, während der Präsidentschaft des späteren Reichsjustizministers *Dr. Thierack* hielt sich die Rechtsprechung des Gerichts wenigstens noch in gewissen Grenzen, während sie ab 1942 unter dem politischen Fanatiker *Dr. Freisler** total ausferte. »Die Todesstrafe bildete das häufigste Ende

---

* *Roland Freisler* wurde am 30. 10. 1893 in Celle geboren, besuchte das humanistische Gymnasium, studierte Rechtswissenschaften in Jena, promovierte 1921 zum Dr. jur. und bestand mit bestem Erfolg das Assessorexamen. Ende 1923 schloß er sich der nationalsozialistischen Bewegung an, wurde 1924 Stadtverordneter in Kassel und 1932 preußischer Landtagsabgeordneter. Im März 1933 wurde er als Ministerialdirektor in das preußische Justizministe-

des Verfahrens, in dem der willen- und hilflose Angeklagte nur noch das verlorene Objekt politischer, in den Formen der Justiz geübter Willkür war. *Freisler* wurde der Typ des Revolutionstribuns.«[8]

Freisler war im ersten Weltkrieg in russischer Kriegsgefangenschaft und wurde zum fanatischen Bolschewisten. 1924 wurde er ein ebenso fanatischer Nationalsozialist, blieb jedoch ein Bewunderer sowjetischer Terrormethoden, die er genau studiert hatte. Als es galt, die Widerstandskämpfer des 20. Juli 1944 abzuurteilen, soll *Hitler* – obwohl er *Freisler* nicht mochte – gesagt haben: »... das werde *Freisler* schon machen, das ist unser *Wyschinski**!«[9]

Reichsjustizminister *Dr. Thierack,* ein keineswegs fanatischer aber ergebener Nationalsozialist, hielt *Freisler* für geisteskrank, was sein früherer Staatssekretär *Rothenberger* in einer Niederschrift vom 4. April 1944 festgehalten hat.[10] *Rothenberger* selbst bezeichnete *Freisler* als »krankhaften Pathologen« und der Reichsfinanzminister *Graf Schwerin von Krosigk* hielt ihn für »die abscheulichste Verzerrung einer Richtergestalt«.[11] Eine Zuhörerin der Prozesse gegen die Widerstandskämpfer des 20. Juli 1944 hat *Freisler* und seine Prozeßführung so beschrieben:

»Und Roland Freisler, der Meister-Akteur von größter Bühnenwirksamkeit, mit ununterbrochener, nie nachlassender Leistungsfähigkeit, durch 10 Stunden ... sprühend, glitzernd, gleißend, von enormer Sprachgewalt und Modulationsfähigkeit, einmal väterlich milde, verständnisvoll, dann wieder scharf inquisitorisch, sachlich kühl, plötzlich wieder wie ein Blitz einschlagend und zupackend.

---

rium berufen, wurde 1935 Staatssekretär im Reichsjustizministerium und 1942 Präsident des Volksgerichtshofs. Über die Umstände seines Todes und den Nachruf auf ihn in der Deutschen Justiz, 15. 2. 1945, siehe S. 109 und S. 112.

* *Andrej Januarewitsch Wyschinskij* (1883–1954), Jurist und Politiker, Rektor der Universität Moskau von 1925 bis 1928, Generalstaatsanwalt von 1931 bis 1938 und als solcher Hauptankläger bei den Moskauer Schauprozessen der Jahre 1936 bis 1938, mit denen Stalin zur Zeit der »Großen Säuberung« seine treuesten Gesinnungsgenossen und potentiellen Gegner ausschaltete und damit jede mögliche Opposition im Keime erstickte. Wyschinskij verstand es dabei meisterhaft, die Angeklagten in Selbstbeschuldigungen zu verstricken und gleichzeitig das Gespenst einer Invasion der »kapitalistischen Mächte« zu erwecken, wodurch Stalin die Sowjetbürger hinter sich bringen konnte. Wyschinksij wurde 1939 Mitglied des ZK der KP, 1940 stellvertretender Außenminister und 1949 Außenminister der UdSSR.

Die Angeklagten sind Spielzeuge seines Geistes. Er jongliert mit Menschenschicksalen und gibt *die* (Hervorhebung von der Verfasserin!) Wendung, Beleuchtung und Farbe, die er braucht, um aus einer Bedeutungslosigkeit einen effektvollen Akt zu gestalten und ihn auf die beabsichtigte und schon vorher geplante und skizzierte Tragödie hinzuführen.«[12]

Bezeichnend für *Freisler* war seine Regelung der Geschäftsverteilung am Volksgerichtshof (Geschäftsverteilungsplan für 1945, siehe Anhang Nr. 12, S. 151). Nach seinem Amtsantritt im Jahre 1942 versuchte er auf die Rechtsprechung des Volksgerichtshofs dadurch einen bestimmenden Einfluß auszuüben, daß er dem unter seinem Vorsitz stehenden 1. Senat auch alle diejenigen Sachen zuwies, die er bei Eingang der Sache für diesen Senat bestimmte, »um selbst an der gesamten Rechtsprechung des Volksgerichtshofs teilnehmen zu können«. Damit hob er den Grundsatz des gesetzlichen Richters für den Volksgerichtshof auf und jeder Angeklagte mußte damit rechnen, dem gefürchteten Richterspruch *Freislers* unterworfen zu werden. Dieser Mißbrauch endete erst, als der Reichsjustizminister am 22. November die Abstellung dieser Praxis verlangte. Als Ausgleich dafür übertrug *Freisler* seinem Senat die Aburteilung strafbarer Handlungen von Angehörigen der deutschen Intelligenz und Wirtschaftsführung und vermehrte dadurch seinen Einfluß wiederum ganz beträchtlich.[13]

Noch am 1. Dezember 1944 hat *Freisler* die Urteile des Volksgerichtshofes als »dauernde Selbstreinigung unseres Volkes« charakterisiert und die Aufgabe des Gerichts so gesehen:

»Der Volksgerichtshof ist das höchste Gericht unseres Großdeutschen Reiches zur Sicherung seiner politischen Festigkeit.
Schutz unseres Reiches gegen Verrat, unseres Volkes gegen Zersetzung seiner Kampfkraft ist also in unserem jetzigen Ringen um Leben und Freiheit unsere Aufgabe. Auf sie schauen wir unbeirrbar.
Als Nationalsozialisten, als Gefolgsmänner eines Führers tun wir das, indem wir immer vorwärts schauen, dorthin, wo unser Führer steht, – er, als Führer von Volk und Reich zugleich auch *der* deutsche Richter. Wir mühen uns daher, wie seine Statthalter zu richten.
Die Gebote des Handelns, die gemeinschaftssittlichen politischen Postulate, nach denen wir urteilen, nehmen wir deshalb unmittelbar aus dem nationalsozialistischen Gemeinschaftsempfinden.
Unser Volk kann glücklich sein, daß es dieses hat! Nur dadurch hat es eine tragfeste Einheit. Wer – vor allem auch als Richter – an ihr

Was den Rechtswahrer interessiert

Fünf Jahre Volksgerichtshof

Am 14. Juli 1939 bestand der Volksgerichtshof fünf Jahre. Aus diesem Anlaß fand im festlich geschmückten großen Sitzungssaal des Gerichts in Anwesenheit zahlreicher hoher Vertreter von Partei, Staat und Wehrmacht sowie der Gefolgschaften des Gerichts und der Reichsanwaltschaft beim Volksgerichtshof eine Feier statt.

Nach einem Largo von Beethoven und den Begrüßungsworten durch den Präsidenten des Volksgerichtshofs, Staatsminister a. D. Dr. Thierack, ergriff für den verhinderten Reichsminister der Justiz Staatssekretär Dr. Schlegelberger das Wort. Er überbrachte dessen Grüße und führte dabei aus, wenn auch ein Zeitraum von fünf Jahren im Dasein einer Behörde im allgemeinen nicht viel bedeute, so rechtfertige doch die schwere und verantwortungsvolle Tätigkeit des Volksgerichtshofs diese Feier; dessen Schaffung sei angesichts der Angriffe staatsfeindlicher Elemente, vor allem von außen her, ein Gebot der Wachsamkeit gewesen; wenn danach in der Einrichtung des Volksgerichtshofs auch das Bekenntnis liege, daß der nationalsozialistische Staat mit Anfeindungen zu rechnen habe, so gereiche doch dieses Bekenntnis dem Staate zur hohen Ehre, weil es die stolze Betonung der Kraft und des Willens sei, sich die Feinde zu erwehren. Dr. Schlegelberger betonte weiter, daß es der Führer selbst gewesen sei, der dem Volksgerichtshof die Wege für seine hohen Aufgaben gewiesen habe, und daß das Gericht, was der Reichsjustizminister gelegentlich der Einführung des Oberreichsanwalts Parey bereits hervorgehoben habe, seine Aufgaben so gelöst habe, wie es sich sein Schöpfer, der Führer, vorgestellt habe.

In einer Ansprache betonte sodann der Präsident des italienischen Staatsverteidigungsgerichtshofes, Exzellenz Tringali-Casanuova, die Gemeinsamkeit der Aufgaben des italienischen Staatsverteidigungsgerichtshofes und des deutschen Volksgerichtshofs und wies auf die gemeinsamen Ziele der beiden befreundeten Völker hin.

Darauf nahm der Reichsrechtsführer, Reichsminister Dr. Frank, das Wort. Er wandte sich zunächst an den Präsidenten des italienischen Staatsverteidigungsgerichtshofes und hob hervor, daß die immer stärker werdende gegenseitige kulturelle Bezogenheit zwischen Deutschland und Italien sich auch auf die Rechtskultur der beiden Völker auswirke. Der Volksgerichtshof selbst verdanke, so führte Dr. Frank weiter aus, seine Entstehung der Notwendigkeit, das grandiose Aufbauwerk des Führers auf allen Gebieten des deutschen Gemeinschaftswesens durch eine tatkräftige, rasche und klar konstruierte Rechtsfindung gegenüber den verderblichsten Gruppen von Gemeinschaftsschädlingen, den Hoch- und Landesverrätern, zu sichern. Seine Tätigkeit habe zu einer starken Niederringung des Verbrechertums geführt.

Schließlich legte der Präsident des Volksgerichtshofs, Dr. Thierack, einen Rechenschaftsbericht über die verflossenen fünf Jahre ab, aus dem der innere Gesundungsprozeß des Deutschen Volkes in diesen ersten fünf Jahren der Tätigkeit des Volksgerichtshofs zu erkennen war. Denn es hätten, so führte Dr. Thierack aus, die Hochverratsverfahren, die zunächst in der Überzahl gewesen wären, im Laufe der Zeit immer mehr abgenommen. So befänden sich unter den insgesamt 17 Todesurteilen des Jahres 1938 nur eines wegen Hochverrats, während die übrigen gegen Landesverräter ergangen seien. In demselben Jahre seien im ganzen 269 Verfahren (gegen 614 Angeklagte) anhängig gewesen; in 54 Fällen seien Freisprechungen erfolgt. Seit seinem Bestehen habe der Volksgerichtshof in übrigen nicht ein einziges Mal wegen Wirtschaftssabotage oder wegen eines Angriffes gegen eine führende Persönlichkeit des Dritten Reiches verhandeln müssen. Endlich dankte Präsident Dr. Thierack für die überaus ehrende Anerkennung, die die Arbeit des Volksgerichtshofs gefunden habe, und gelobte zugleich im Namen der Gefolgschaft, in der schweren und verantwortungsvollen Tätigkeit für Volk, Führer und Reich aufrecht und stolz weiterzuschreiten, unbeirrbar glaubend an die ewigen Werte, die der Führer seinem Volke wieder stiftete, und den gerechten Spruch suchend nicht als Männer des Rechts, die eine Binde vor den Augen trügen, sondern mit offenen Sinnen für das, was geschehen müsse um des Volkes willen.

Standort und Marschrichtung ausrichtet, kann nicht ins Labyrinth von Theorien, Hypothesen, kann nicht durch Zweifel in Schwäche und Richtungslosigkeit versinken; er bleibt tatfähig; er bleibt Marschierer in der geschlossenen Kolonne unseres Volkes. Wenn das die Richtlinie der Rechtsprechung ist, weiß unser Volk auch, daß der Volksgenosse, wenn er zur Verantwortung gezogen, also auf Ehre, Freiheit, Leben angesprochen wird, nicht nach den Spielregeln einer Geheim»wissenschaft«, sondern nach dem inneren Gesetz der Volksseele, nach unser aller Anständigkeitsempfinden, beurteilt wird. Was der Führer von uns verlangt, uns so oft gesagt hat, uns stetig vorlebt, ist also das Gesetz unserer politischen Rechtsprechung. Es ist ja auch das Gesetz unseres Lebens selbst, das Gesetz, nach dem wir angetreten sind.
Wir sind überzeugt: wenn wir in solcher Gesinnung urteilen, wird jeder Anständige unsere Urteile nicht nur verstehen – das wäre wenig. Er wird sie als seine eigenen empfinden. Dadurch bekommen sie den Charakter einer dauernden Selbstreinigung unseres Volkes. Wenn Polarität der Spannungen Kraft erzeugt, so ist das hier der Fall: wir Richter des Volksgerichtshofes – ehrenamtliche wie hauptamtliche – spüren, daß uns die Kraft zu unserer Arbeit aus unserem Gliedsein im Volkskörper immer neu zuströmt. Der nationalsozialistische Kämpfer – und nur er – vermag das Gesetz, nach dem er zu urteilen hat, in sich lebendig zu machen. Man kann es sich nicht anstudieren.
Zugleich spüren wir aus der Breite, Höhe und Tiefe des Gemeinschaftslebens unseres Volkes die Hilfe, die uns entgegeneilt, unter die Arme greift.
Unser gefährlichster Feind ist der Defaitismus. Das Gesetz seines Seins ist: Seuche! Wir sind da gebrannte Kinder: 1918!
Diesen Feind bekämpft in erster Linie das ganze deutsche Volk. Auch insofern ist es anders als 1917.
Unsere Urlauber und Verwundeten sind es, die den zersetzenden Defaitismus im Wartesaal und Abteil, in den Friseurläden und Gaststätten dingfest machen.
Unsere Kriegerwitwen und Soldatenfrauen beraten sich, wenn Defaitisten ihnen das Herz schwer gemacht haben, mit ihrem Hoheitsträger, der Frauenschaftsleiterin oder brieflich mit ihrem Mann an der Front. Sie wollen nicht, daß das Opfer ihrer Männer vergeblich sei. Das ist die Frucht unserer nationalsozialistischen Erziehung, ist Beweis unserer inneren Gesundheit.
Freilich: ein menschlich guter Gedanke ist es, der diesen oder jenen zurückhält, Meldung zu machen: Man will nicht Denunziant sein – um alles in der Welt nicht.
Jedoch: Von unserem kämpfenden Volk Gefahren abwenden, den

Dolchstoß in seinen Rücken auffangen – ist nie und nimmer Denunziation. Ist Pflicht!
Das muß man jedem erklären, der sich mit Zweifeln an uns wendet.
Und wenn wirklich einmal ein Denunziant sich in die Maske des Gralshüters kleidet – aus Niedertracht, wohl gar, um als »Mörder« den »Ermordeten« irgendwie beerben zu können –, verleumdet, darf jeder des sicher sein: den packen wir scharf!
Die Schärfe unserer Urteile gegen Verräter ist Liebe zu unserem ringenden Volk. Denn der Verräter ist ein verkappter Agent unserer Feinde.
Die Schärfe unserer Urteile gegen die Defaitisten, aus Schwäche, Feigheit, Unzulänglichkeit ist Schutz der Gesunden und Starken, daß ihrer keiner schwach wird! Auch draußen an der Front kann der Feigling sich nicht mit Schwäche entschuldigen, wenn er nach opfervollem, erfolgreichem Stoß seiner Kameraden aus seinem Winkel hervorgezogen wird, in den er sich feige verkroch; der Winkel wird ihm sein ehrloses Grab.
Und gerade Schwäche wirkt seuchenhaft!
In unserer Arbeit sind wir, der Volksgerichtshof des Großdeutschen Reiches, getragen von nationalsozialistischem Glauben, gespornt von der Energie unserer politischen Weltanschauung, Mahner zur Pflicht, Rufer zur Einheit und Härte, Schützer der Kraft unseres Volkes draußen und daheim.«[14]

Ein besonderes, den Einfluß von *Freisler* stärkendes Instrument war der sogenannte *außerordentliche Einspruch*, der durch Gesetz vom 16. September 1939 eingeführt wurde. Danach konnten die Oberreichsanwälte beim Reichsgericht und beim Volksgerichtshof gegen rechtskräftige Urteile binnen Jahresfrist Einspruch einlegen mit der Wirkung, daß die angefochtene Entscheidung beseitigt wurde und die Sache erneut vor einem besonderen Senat des Volksgerichtshofs unter dem Vorsitz seines Präsidenten verhandelt werden mußte. Der Einspruch setzte lediglich voraus, daß schwerwiegende Bedenken gegen die Richtigkeit der Entscheidung bestanden.
Die Einführung des außerordentlichen Einspruchs eröffnete der politischen Führung einen enormen Einfluß auf die Rechtsprechung, wobei der indirekte Einfluß (aufgrund der Angst der Richter vor dem politischen und die Unabhängigkeit relativierenden Eingriff) fast stärker eingeschätzt werden muß als der direkte (durch die unmittelbare Erhebung eines Einspruchs). Nicht zuletzt konnten dadurch auch unerwünschte Strömungen

und Ansichten am Volksgerichtshof selbst unterbunden werden. Nach einem Bericht *Freislers* aus dem Jahre 1944 belief sich die Zahl der auf diesem Verfahrensweg ergangenen Todesurteile auf 75.[15]

Für eine sachgerechte Beurteilung aller Verfahren vor dem Volksgerichtshof darf die Praxis der *Schutzhaft* und damit der Einfluß der Geheimen Staatspolizei nicht übersehen werden. Nach einer Verfügung des Reichsjustizministeriums vom 18. Januar 1937 bestand in Hoch- und Landesverratssachen eine Meldepflicht der Gerichte an die Geheime Staatspolizei, wenn ein Strafgefangener vorzeitig oder wegen Verbüßung seiner Strafe entlassen werden sollte. Die daraufhin erlassenen Schutzhaftbefehle wurden regelmäßig durch Einlieferung in ein Konzentrationslager vollzogen, was praktisch in den meisten Fällen – trotz bloßer Freiheitsstrafe – das Todesurteil bedeutete.

Der Volksgerichtshof selbst förderte das Übergreifen der Geheimen Staatspolizei dadurch, daß er sich für die Abgabe unbedeutender Fälle einsetzte. Der damalige Präsident des Volksgerichtshofs *Dr. Thierack* führte in seinem Schreiben vom 14. August 1940 an den Reichsjustizminister aus

> »es sei falsch jedem kleinen Mitläufer die Ehre eines Verfahrens vor dem Volksgerichtshof zuzugestehen; richtiger sei vielmehr, wenn diese Beschuldigten durch zeitweilige Verbringung in ein Konzentrationslager zur Vernunft gebracht würden, was zweckmäßiger sei, als den langwierigen, teuren und schwerfälligen Weg eines Gerichtsverfahrens zu wählen.«[16]

Die Schutzhaft selbst wurde durch die Verordnung des Reichspräsidenten zum Schutz von Volk und Staat vom 28. Februar 1933 eingeführt (Anhang Nr. 3, S. 140), um ohne gerichtliches Verfahren gegen die Kommunisten vorgehen zu können. Bereits am 3. März 1933 hat Göring durch einen entsprechenden Erlaß die Anwendung dieser Verordnung auf Anarchisten und Sozialdemokraten ausgedehnt und – über die Grundrechte der Weimarer Verfassung hinaus – »auch alle sonstigen für das Tätigwerden der Polizei ... gezogenen reichs- und landesgesetzlichen Schranken« beseitigt, »soweit es zur Erreichung des mit der Verordnung erstrebten Zieles zweckmäßig und erforderlich ist«. Damit war der politischen Gesinnungsverfolgung – ohne Bindung an Gesetz und gerichtliches Verfahren – Tür und Tor geöffnet und selbst auf eine zeitlich befristete Verurteilung durch den Volksgerichtshof war kein Verlaß mehr.

Der absolute Höhepunkt in dieser Entwicklung der politischen Beeinflussung und Korrektur unerwünschter Gerichtsurteile, war das berüchtigte Abkommen zwischen dem Reichsjustizminister *Dr. Thierack* und dem Reichsführer der SS *Himmler* vom 18. September 1942 über die »Auslieferung asozialer Strafgefangener an die Geheime Staatspolizei zwecks Vernichtung durch Arbeit«.

Diese Vereinbarung zum »Ausgleich zu milder Strafurteile durch polizeiliche Sonderbehandlung« bedeutete letztlich nichts anderes als die Abschiebung der nach Verbüßung ihrer Strafe freizulassenden Häftlinge in die Konzentrationslager und damit deren so gut wie sichere Ermordung: »Vernichtung durch Arbeit«. Der Wortlaut ist nachzulesen im Anhang Nr. 10, S. 149.

Die Meckerer, Hetzer und Ewiggestrigen

Das Recht zur Kritik

Freie Meinungsäußerung und Kritik sind das Salz in der Suppe der Demokratie, aber die Todfeinde jeder totalitären Staatsform. Wie klar dies die Machthaber des Dritten Reiches erkannt haben, wird aus einer im Jahre 1934 gehaltenen Rede des Reichspropagandaministers *Goebbels* besonders deutlich:

»Wenn die Demokratie uns in Zeiten der Opposition demokratische Methoden zubilligte, so mußte dies ja in einem demokratischen System geschehen. Wir Nationalsozialisten haben aber niemals behauptet, daß wir Vertreter eines demokratischen Standpunktes seien, sondern wir haben offen erklärt, daß wir uns demokratischer Mittel nur bedienten, um die Macht zu gewinnen, und daß wir nach der Machteroberung unseren Gegnern rücksichtslos alle die Mittel versagen würden, die man uns in Zeiten der Opposition zugebilligt hatte. Trotzdem können wir erklären, daß unsere Regierung den Gesetzen einer veredelten Demokratie entspricht.
Wir sind die souveränen Meister der Kritik gewesen und können uns heute einhellig auf den Standpunkt des Rechts zur Kritik stellen. Nur mit einem Unterschied: das Recht zur Kritik, wenn es einen Sinn haben soll und nicht einen demokratischen Unsinn darstellt, kann zum Nutzen eines Volkes, der ja über allen Dingen der Politik stehen muß – immer nur dem Klügeren über den Dümmeren zugestanden werden und niemals umgekehrt. Es bliebe also nur noch zu beweisen, daß wir Nationalsozialisten während der Opposition anscheinend die Klügeren gewesen sind...«[1]

Der Geist von Potsdam am Stammtisch

(Urteil des Volksgerichtshofs vom 15. 2. 1944 gegen den Verlagsbuchhändler *Bonneß*)[2]

IM NAMEN DES DEUTSCHEN VOLKES!

In der Strafsache gegen

den Verlagsbuchhändler Bonneß aus Berlin-Potsdam, zur Zeit wegen dieser Sache in Untersuchungshaft,

wegen Wehrkraftzersetzung,

hat der Volksgerichtshof, 1. Senat, auf die am ... beim Volksgerichtshof eingegangene Anklageschrift des Oberreichsanwalts vom ... auf Grund der Hauptverhandlung vom 15. Februar 1944,
an welcher teilgenommen haben
als Richter:
Vizepräsident Dr. Crohne*,
Oberlandesgerichtsrat Dr. Koehler**,
[es folgen drei ehrenamtliche Beisitzer],
als Vertreter des Oberreichsanwalts:
...

für Recht erkannt:
»Der Angeklagte hat im Jahre 1943, insbesondere noch im August 1943, vor Mitgliedern der Potsdamer Kasinogesellschaft und einem Angestellten

---

* Vor seiner Berufung zum Volksgerichtshof war *Dr. Crohne* Ministerialdirektor im Reichsjustizministerium. Bereits 1933 hat er im Sinne der nationalsozialistischen Rechtsauffassung versucht, die Richterschaft zu belehren:
»Niemals dürfe der Richter vergessen, daß die Gesetze und sein Amt, das sie verwirklichen sollen, nicht geschaffen sind, um den ordnungsgemäßen Verkehr zwischen den Bewohnern eines Landes zu gewährleisten, sondern, daß Gesetz und Richteramt nur dem gleichen Ziele zu dienen haben, auf das alle Staatstätigkeit gerichtet ist: Der Erhaltung und Sicherung von Staat und Volk!«[3]

** *Dr. Johannes Koehler*, geb. am 8. 3. 1897, war Kriegsteilnehmer im ersten Weltkrieg, studierte Rechtswissenschaft und bestand die beiden juristischen Staatsprüfungen in Jena mit »ausreichend«. Am 1. 7. 1927 wurde er Landgerichtsrat, am 1. 9. 1933 Oberlandesgerichtsrat und am 1. 5. 1944 Volksgerichtsrat. Seit 1938 bis zu seiner Abordnung als Hilfsrichter zum Volksge-

seines Verlagsgeschäftes wiederholt durch defaitistische Reden den deutschen Selbstbehauptungswillen zu zersetzen gesucht, indem er u. a. für die Beseitigung der nationalsozialistischen Regierung eintrat. Damit hat er auch zugleich den Feind begünstigt. Der Angeklagte wird deshalb

zum Tode

verurteilt. Er ist für immer ehrlos. Sein Vermögen wird eingezogen. Der Angeklagte trägt die Kosten des Verfahrens.«

Gründe:

»Potsdam:

Der Geist von Potsdam, das ist der Geist Friedrichs des Großen, der in seinem furchtlosen Kampf um Preußens Großmacht oft Erholung und neue Kraft in seinem geliebten Potsdam-Sanssouci suchte und fand, Wilhelms I., der im stillen Park von Babelsberg mit seinem eisernen Kanzler Bismarck das zerrissene Deutschland zur ehernen Einheit zusammenschmiedete,
des 21. März 1933, als das Deutsche Volk sich durch den neuen nationalsozialistischen Reichstag in der historischen Potsdamer Garnisonskirche um den Führer scharte, um mit ihm die Sklavenfesseln von Versailles zu sprengen, als der Führer und der greise Feldmarschall unmittelbar vor der Gruft Friedrichs des Großen Hand in Hand und Auge in Auge sich gelobten: »Alles für Deutschland!«, der Geist von Potsdam, das ist der Geist der Kühnheit, der Standhaftigkeit, der Treue, der eisernen Entschlossenheit, um so härter, je schwerer der Kampf, der Geist der selbstlosen Aufopferung für Volk und Vaterland.

richtshof am 16. 4. 1940 war er in der Hauptsache als Vorsitzender des Erbgesundheitsobergerichts tätig.
Seit Oktober 1933 war er Mitglied des NS-Rechtswahrerbundes, seit 1934 förderndes Mitglied der SS und seit 1. 5. 1937 Mitglied der NSDAP. Nach dem Zusammenbruch wurde er von der zuständigen Spruchkammer als Mitläufer (!) eingestuft, als Beamter oder Richter allerdings nicht wiederverwendet. Er bezog ab 1. 4. 1951 Übergangsgehalt nach dem Gesetz zu Art. 131 des Grundgesetzes und ab 1. 12. 1955 Ruhegehalt als früherer Volksgerichtsrat aus der Besoldungsgruppe B 7 a.
Nachdem *Dr. Koehler* in der Zeit von 1940–45 entweder als Vorsitzender oder als Beisitzer an mindestens 250 Todesurteilen des Volksgerichtshofs mitgewirkt hat, wurden mit Bescheid der zuständigen Verwaltungsbehörde vom 24. 7. 1961 die Versorgungsbezüge eingestellt, weil der Betroffene gegen die Grundsätze der Menschlichkeit und Rechtsstaatlichkeit verstoßen habe. Sämtliche Rechtsmittel blieben erfolglos.
Strafrechtlich wurde gegen *Dr. Koehler* nichts unternommen.

Das ist der Geist von Potsdam, wie er sich immer im historischen Potsdam bewährt hat und wie er auch heute noch alle wahren Potsdamer beherrscht.

Von diesem Geist von Potsdam war in der heutigen Verhandlung wahrhaftig nichts zu spüren. Diese Potsdamer Clique aus dem Zivilkasino zeigte einen anderen Geist, den Geist kleiner meckernder Spießbürger aus Krähwinkel.

Wie setzte sich nun dieser Stammtisch im Zivilkasino zusammen? In dem historischen Zivilkasino, das seine edlen einfachen Formen der vornehmen Baukunst eines Schinkel verdankt, das Friedrich Wilhelm III., der Preußen-König der Freiheitskriege, der Potsdamer Bürgerschaft zum Dank für ihre Treue im Krieg bauen ließ?

Dies Zivilkasino war bis zum ersten Weltkrieg besonders exklusiv, nur höhere Beamte und Offiziere fanden anstandslos Aufnahme, Angehörige der Freien Berufe nur ganz ausnahmsweise. Der enge Kreis lockerte sich erst nach dem ersten Weltkrieg, als das Kasino Geld brauchte und daher auf begüterte Mitglieder Wert legte. So kam es, daß der reiche Angeklagte erst 1920 zugelassen wurde. Auch das Potsdamer Zivilkasino, das damals etwa 300 Mitglieder zählte, während es 1943 nur noch 65 Mitglieder hatte, war bis zum ersten Weltkrieg vaterlandstreu eingestellt. Nach jener Zeit scheint sich, wenigstens bei einem Teil der Mitglieder, allmählich ein Wandel vollzogen zu haben. Dieser Teil ruhte aus auf den Lorbeeren, die er sich vielleicht einmal in kaiserlicher Zeit erworben hatte, und glaubte daraus besonders bevorzugte Behandlung erwarten zu dürfen. Eine Verbindung mit dem Volk fehlte ihm ebenso, wie eine kämpferische Einstellung. Sie hatten sich still zurückgehalten, als ihr Kaiser Wilhelm II. nicht gerade ruhmvoll in Holland endete, ebenso als Judentum und Marxismus und später der Kommunismus immer frecher und gewalttätiger ihr Haupt erhoben. Sie hatten ablehnend beiseite gestanden, als aus dem Volk heraus die nationalsozialistische Bewegung erwuchs, und hatten in dieser Zeit höchstens einmal gegenüber Stahlhelmern ihre Sympathien bekundet. Trotzdem waren sie erst verwundert, dann immer mehr erbittert, als der nationalsozialistische Aufbau ohne sie vor sich ging, als man diese Ewiggestrigen ruhig beiseite stehen ließ und ihnen nicht die erwartete Ehrenstellung gab. Sie wagten natürlich nicht, diese Erbitterung laut zu bekunden, denn die Nazis verstanden keinen Spaß. Auch konnte man ja, wenn man nicht völlig verkalkt war, nicht verkennen, daß der Nationalsozialismus das deutsche Volk mit Riesenschritten aus aller Not und Schande herausgeführt und ihm wieder seine Weltstellung verschafft hatte. Auch mußten sie anerkennen, daß die neue deutsche Wehrmacht in ihren Kämpfen in Polen, Norwegen, Frankreich, auf dem Balkan und in Rußland der alten mindestens ebenbürtig war, ja sie sogar im schnellen Zupacken und in den vernichtenden Kesselschlachten übertraf. Aber als dann die in jedem längeren Krieg unvermeidbaren Rückschläge, die in Rußland auf eine seit 100 Jahren nicht erlebte, außergewöhnliche Kälteperiode und dann später im O. und S. auf den schnöden Verrat des Hauses Savoyen und des Badoglio-Klüngels zurückzuführen waren, da fingen die alten Köpfe bedenklich an zu wackeln und zu schütteln und zu meckern: »Ja, hätte nicht . . ., wäre nicht . . .«. Und nun hockten sich diese alten Herrn in Früh- und Abendschoppen am Stammtisch zusammen, wurden immer wankelmütiger und sorgenvoller und lauschten auf jede Alarmnachricht, die jemand in ihre Weltverlassenheit mitbrachte. Über Meckereien bedeutungsloser Stammtische, wenn die Trinker ihren bier- und weingeschwellten Bäuchen Luft machen wollen und sich ausschließlich gegenseitig ihre geistlosen Klatschereien verzapfen, kann man in Friedenszeiten hinwegsehen. Sind solche Ewiggestrigen allem Zureden unzugänglich, so gibt es im Frieden ein gutes Mittel: Kaltstellen und aussterben lassen! Die Hauptsache ist, daß man die vorwärtsstrebende Jugend für sich gewinnt, auf Altersschwächlinge kann man verzichten und sie ihrer Lächerlichkeit preisgeben.

Anders aber im Kriege, und besonders in einem Kriege, der nun schon im 5. Kriegsjahr schwebt und von allen, an der Front wie in der Heimat, schwerste Opfer erfordert. Da gibt es manche, die in den Knien weich werden, und da können dann schon die albernsten Schwatzereien genügen, um sie ganz niederzudrücken, und besonders, wenn diese Schwätzer den sozial höchsten Gesellschaftsschichten angehören. Auch besteht die Gefahr, daß solche alten Hetzer nicht bloß am Stammtisch ihr Gift verspritzen, sondern auch bei ihren Angehörigen, Angestellten und anderen Bekannten Wirkung erzielen.

Daß nun alle die Mitglieder, die im Zivilkasino mit am Stammtisch des Angeklagten saßen, in gleich niederträchtiger und staatsfeindlicher Weise wie er gemeckert haben, ist nicht festgestellt, sie haben sich aber seine Redereien ruhig mit angehört, meist dann geschwiegen oder lahm widersprochen und gewarnt, gewarnt aber nicht wegen der hochverräterischen Gemeinheit solchen Geredes, sondern weil, wie sie sagten, man sonst bei solchen Schwatzereien von der Gestapo gefaßt werden könnte. Diese alten Herren waren sich also voll bewußt, daß die Äußerungen staatsgefährlich und verbrecherisch waren, und haben nicht, wie es jedem wahren Deutschen selbstverständlich gewesen wäre, dem gehässigen Stänkerer auf sein übles Maul geschlagen oder, wenn ihnen der Mut dazu fehlte, ihn

wenigstens der Gestapo gemeldet und dadurch mundtot gemacht.
In diesen Kreis war der Angeklagte 1920 eingetreten.

Die Taten:

Der Angeklagte soll im Sommer 1943 wiederholt sowohl am Stammtisch im Zivilkasino wie gegenüber Angestellten zersetzende Reden geführt haben, und zwar vor allem in vierfacher Richtung, die auch in der Hauptverhandlung festgestellt sind:
1. Der Führer habe sich mit Churchill, Roosevelt und Stalin dermaßen verhetzt, daß es unmöglich sei, sie gemeinsam an einen Verhandlungstisch für Friedensverhandlungen zu bringen.
2. Die nationalsozialistische Regierung müsse durch eine Gruppe nationaler deutscher Männer, insbesonders deutscher Offiziere, in Gestalt einer Militärdiktatur ersetzt werden.
3. Wenn diese Gruppe ihre Friedensverhandlungen abgeschlossen habe, müsse an ihre Stelle eine Monarchie treten, und zwar müsse Prinz Louis Ferdinand, der II. Sohn des früheren Kronprinzen, der Monarch werden.
4. Mussolini sei absichtlich zurückgetreten, um durch einen anderen einen Sonderfrieden für Italien mit den Feindmächten schließen zu lassen . . .

Daß diese an sich kindischen Redereien aber doch hochgefährlich wirken und günstigen Nährboden finden könnten, zeigt ihre wiederholte Aufnahme am Stammtisch. Die alten Herren schwiegen meist, einzelne nickten und andere erklärten sogar, das ließe sich theoretisch erörtern. Die Hetzereien waren also geeignet, mindestens bei diesen alten Herren den Willen zum Widerstande gegen die anstürmenden Feindmächte und zur wehrhaften Selbstbehauptung zu lähmen. Solche Äußerungen müssen, um als Wehrkraftzersetzung strafbar zu sein, »öffentlich« erfolgen. Dazu genügt, wie es der übereinstimmenden Auffassung des Volksgerichtshofes und Reichskriegsgerichts entspricht, der Wille oder auch nur das Bewußtsein des Schwätzers, er wende sich an einen größeren, nicht eng geschlossenen Personenkreis gleichzeitig oder nacheinander. Wie die Verhandlung klar ergeben hat, wechselte die Besetzung des Stammtisches dauernd . . .

Die Strafe:

Es sind somit alle Voraussetzungen der Wehrkraftzersetzung, die das Gesetz (§ 5 der Kriegssonderstrafrechtsverordnung [KSSVO; siehe Anhang 6, S. 144]) erfordert, erfüllt. Das Gesetz verlangt bei dem Normalfall die Todesstrafe und gestattet nur in minder schweren Fällen eine Freiheitsstrafe. Von einem »minder schweren« Fall kann bei vorliegender Straftat keine Rede sein. Es handelt sich um einen Geschäftsmann, der persönlich ein Vermögen von etwa 1 Million RM [Reichsmark] und ein jährliches Reineinkommen, nach eigener Angabe erst in den letzten Jahren, von 150 000 RM versteuert, der also der herrschenden Regierung für die Gestattung so außerordentlich hoher Gewinnerzielung doch nur dankbar sein könnte. Wenn solcher Betriebsführer sein wirtschaftliches Ansehen dazu mißbraucht, um bei alten Offizieren und Beamten die Vaterlandstreue zu zerstören und um – noch schlimmer – seinen, von ihm abhängigen Angestellten defaitistisch zu beeinflussen, muß er als gefährlicher Ansteckungsherd aus dem deutschen Volk ausgemerzt werden. Es kommt also nur die Normalstrafe für die Wehrkraftzersetzung, die Todesstrafe, in Betracht. Dadurch, daß er den einheitlichen Abwehrwillen des deutschen Volkes zu zerstören suchte, hat er gleichzeitig das Verbrechen der Feindbegünstigung (§ 91 b StGB [Strafgesetzbuch; siehe Anhang 4, S. 141 f.]) begangen; die Strafe war aber aus der Bestimmung über die Wehrkraftzersetzung zu entnehmen, da diese die härtere Strafe androht...«

gez. Dr. Crohne*   gez. Dr. Koehler

Ein Gnadengesuch des Generalfeldmarschalls *von Mackensen* blieb erfolglos, obwohl er darauf hingewiesen hatte, daß der Verurteilte mit anderen Potsdamer Bürgern nach dem ersten Weltkrieg die in der Garnisonskirche aufbewahrten, im Kriege 1870/71 erbeuteten Fahnen dem Zugriff der Franzosen entzogen habe.

Das in seiner Härte wie in der Art und Weise seiner Begründung typische Todesurteil (obwohl *Freisler* nicht Vorsitzender war) wurde mit folgendem Brief des Reichsjustizministers *Dr. Thierack* vom 7. März 1944 an den Vizepräsidenten des Volksgerichtshofs, *Dr. Crohne*, gerügt (*Thierack* war bis 1942 Präsident des Volksgerichtshofs):

---

* *Dr. Crohne* wurde im Herbst 1942 gegen den Widerstand Freislers an den Volksgerichtshof versetzt und als Vorsitzender des 2. Senats zum Vizepräsidenten des Volksgerichtshofs bestellt.[5]
Trotzdem scheint sich *Dr. Crohne* im Freislerschen Sinne »bewährt« zu haben. Gerade das Urteil gegen *Bonneß* zeigt, daß offenbar auch die anderen Richter – mit traditioneller Juristenausbildung – in der Härte und auch im Stil ihrer Urteile Freisler kaum nachstanden.

Sehr geehrter Herr Dr. Crohne!
Mir liegt das Urteil des 1. Senats des Volksgerichtshofs vom 15. Februar gegen den Verlagsbuchhändler August Bonneß (1 L 16/44) vor, das Sie unterzeichnet haben. Ich möchte Sie darauf hinweisen, daß ich nicht annehmen kann, daß die Ausführungen im ersten Absatz des Urteils der Würde des Volksgerichtshofs entsprechen und daß man auch kaum ein Todesurteil mit solchen Ausführungen begründen kann. Ich wäre Ihnen dankbar, wenn Sie das auch Herrn Oberlandesgerichtsrat Dr. Köhler wissen ließen, der annehmbar das Urteil verfertigt hat.
Mir liegt nämlich daran, daß der Volksgerichtshof, von dem ich wohl behaupten darf, daß ich ihn in jahrelanger mühevoller Arbeit zu einer anerkannten Höhe geführt habe, auch diese Höhe behält.

Heil Hitler!
Ihr Dr. Thierack

Deswegen und auf Antrag des Angeklagten wurde ein Wiederaufnahmeverfahren durchgeführt. In der Verhandlung am 8. Juli 1944 wurde unter dem Vorsitz von *Dr. Freisler* erneut die Todesstrafe angesprochen.
Auch dieses Urteil stieß im Reichsjustizministerium auf Bedenken und *Dr. Thierack* entschloß sich, Hitler die gnadenweise Umwandlung der Todesstrafe in eine achtjährige Zuchthausstrafe vorzuschlagen. Aufgrund des entschiedenen Einspruchs des Brandenburger Gauleiters *Stürtz*, der vor allem auf die Auflösung des Postdamer Zivilkasinos durch Himmler (Reichsführer SS) hinwies, ordnete *Dr. Thierack* die Vollstreckung des Urteils an, die am 4. Dezember 1944 erfolgte.
Im zweiten Todesurteil wurde u. a. folgendes ausgeführt:
»Durch solchen andauernden Defaitismus (§ 5 KSSVO [Kriegssonderstrafrechtsverordnung; siehe Anhang Nr. 5, S. 143 ff.]) machte sich Bonneß zugleich zum Propagandaknecht unserer Kriegsfeinde. Denn unsere innere Festigkeit, unsere Widerstands- und überhaupt Kampfkraft schwächen und unseren Siegglauben erschüttern ist eine der Haupt»waffen« auf die der Feind uns gegenüber rechnet. Ein Mann wie Bonneß weiß auch, daß solche Zersetzung dem Feinde nützt (§ 91 b StGB [Strafgesetzbuch; siehe Anhang Nr. 4, S. 142 f.])
Wer aber derartiges, gar im vierten Kriegsjahr, tut, der hat sich dadurch als Verräter an unserem kämpfenden Volk für immer ehrlos gemacht. Er muß mit dem Tode bestraft werden, ohne daß demgegenüber etwaige Verdienste, die er sich sonst erworben haben mag, ins Gewicht fallen können. Denn der Verrat läßt keine Kompensation durch Verdienste zu, wie es bei Fehltritten natürlich möglich

wäre. Diese Strafe verlangt vor allem die Sicherheit des Reiches; sie verlangt das Soldatentum unserer Fronten draußen, das sicher sein muß, daß in seinem Rücken sich nicht ein 1918 wiederholt. Diese Strafe ist wegen der Seuchenhaftigkeit des Defaitismus nötig, und sie ist hier besonders erforderlich, weil Bonneß ein Mann in gehobener Stellung ist, der in besonderem Maße die Pflicht hatte, Vorbild zu sein. Unter dem Schutz des Reiches hat Bonneß viel verdient und ein erhebliches Vermögen erwerben können. Und doch hat er das Reich und unser Volk verraten. Da ist es nur gerecht, daß dies Vermögen eingezogen wird. Dem steht auch nicht Rücksicht auf nahe Angehörige entgegen, die nicht schuldlos unter dem Verrat von Bonneß leiden sollen. Denn Kinder hat Bonneß nicht und seine Frau besitzt nach seiner eigenen Angabe etwa 100 000 RM Vermögen«.

Das Todesurteil gegen *Bonneß* war kein Einzelfall. Es erging eine Flut von Todesurteilen gegen »Meckerer, Hetzer und Ewiggestrige«!

Die Massenmorde von Katyn in der Gastwirtschaft

(Urteil des Volksgerichtshofs vom 9. 10. 1943 gegen den Wiener Steffek)[6]

»Der Angeklagte hat am 31. Mai 1943 in einer öffentlichen Gastwirtschaft in Rettenegg in Steiermark dadurch Wehrkraftzersetzung und Volksverrat durch Lügenhetze begangen, daß er laut behauptete, die Massenmorde an den polnischen Offizieren in Katyn seien nicht von den Sowjets, sondern von der Waffen-SS verübt worden, und was vom Propagandaministerium komme, glaubten die Wiener nicht, das fresse ja kein Hund. Er ist für immer ehrlos und wird
zum Tode
verurteilt.«

In den Gründen des Urteils wurde ausgeführt:

»Am 31. Mai 1943 machte der Angeklagte an einem Urlaubstage einen Ausflug. Von 15 Uhr nachmittags an kehrte er in verschiedenen Gastwirtschaften ein und trank bis zum Abschluß dieses Tages etwa vier Viertel Wein sowie mehrere Gläser Most und Bier. Etwa gegen 21.30 Uhr saß er in der öffentlichen Gastwirtschaft »Simml« in Rettenegg an einem Tisch mit

den Hitlerurlaubern Unteroffizier Mayer und Soldat Graml. Mayer las in der »Grazer Tagespost« eben einen Artikel über die Exhumierung der bei Katyn von den Sowjets ermordeten polnischen Offiziere. Der Angeklagte, der dies bemerkte, sagte laut zu Mayer und Graml, daß die polnischen Offiziere nicht von den Russen, sondern von der Waffen-SS umgebracht worden seien. Als Mayer und Graml ihn drauf hinwiesen, daß zur Tatzeit im Jahre 1940 noch gar keine deutschen Truppen in der Gegend von Katyn gewesen seien, wiederholte der Angeklagte seine Behauptung drei- bis viermal, fügte hinzu, das sei alles Propaganda, und fuhr fort: »Was die vom Propagandaministerium bringen, das glauben wir Wiener nicht, das frißt ja kein Hund.« Als der Angeklagte diese Äußerungen wiederholte, verbat sich Mayer schließlich energisch weitere derartige Reden, worauf der Angeklagte schwieg ...
Und diese einzig dastehende bestialische Mordtat hat der Angeklagte der Waffen-SS in die Schuhe schieben wollen, die sich im gegenwärtigen Kriege die größten Verdienste um die Sicherheit Deutschlands und Europas mit ihren Kameraden der Wehrmacht erworben hat.« ... »Erschüttert jemand, wie der Angeklagte, den Glauben an die deutsche Propaganda und will dazu noch glauben machen, daß es die deutsche Propaganda fertig bringt, die Mörder zu Unschuldigen und umgekehrt zu machen, nimmt er damit dem deutschen Volk eine seiner wesentlichsten Waffen in der gegenwärtigen Auseinandersetzung auf Leben und Tod, nämlich den Glauben an die Ehrenhaftigkeit und Ehrlichkeit der amtlichen deutschen Propaganda ...
Der Angeklagte ist einer jener ewig Oppositionellen, die stets das gegenwärtige Regime ablehnen und an dem Bestehenden immer etwas auszusetzen haben. Diese seine Einstellung ist auch der Schlüssel zu seinem festgestellten Verhalten. Es mag sein, daß der Angeklagte zur Tatzeit leicht alkoholisiert war. Das bewirkte jedoch nach der Überzeugung des Senats nur eine Verminderung der Hemmungen im Angeklagten und führte dazu, daß er seiner Meinung und Überzeugung unumwunden Ausdruck gab und seiner Gehässigkeit durch die Erfindung einer der scheußlichsten Greuellügen freien Lauf ließ. Der Angeklagte konnte damit keinen anderen Zweck verfolgen, als die beiden Zeugen als Soldaten von der Richtigkeit seiner Behauptungen zu überzeugen und ihren Glauben an die nationalsozialistische Führung zu erschüttern. Daß ihm das nicht gelungen ist, spielt keine Rolle. Denn zur Herstellung des Tatbestandes der Wehrkraftzersetzung genügt der Versuch des Verbrechens, sogar der untaugliche.
Im Ergebnis ist daher der Angeklagte des Unternehmens der Wehrkraft-

zersetzung und des Verbrechens des Volksverrats durch Lügenhetze einwandfrei überführt (§ 5 Abs. 1 Ziffer 1 der Kriegssonderstrafrechtsverordnung und § 90 b StGB [siehe Anhänge Nr. 5, S. 143 und Nr. 4, S. 142]). Ein minderer schwerer Fall liegt nicht vor. Wer, wie der Angeklagte, in schwerster Zeit unseren braven Soldaten dadurch in den Rücken fällt, daß er die Widerstandskraft der Heimat zu unterhöhlen sucht und, wenn ihm dies gelänge, den Heldentod von Hunderttausenden von braven Männern und die schweren Opfer der Heimat sinnlos machen würde, hat nichts anderes verdient als die schwerste Strafe. Demgemäß hat der Senat den Angeklagten auch zum Tode verurteilt. Auf diese Strafe hätte selbst dann erkannt werden müssen, wenn der Angeklagte den Nachweis hätte erbringen können, daß er sich zur Tatzeit oder auch überhaupt im Zustande verminderter Zurechnungsfähigkeit befunden hätte.«

Im Fall *Steffek* ging es um Wehrkraftzersetzung. § 5 der Kriegssonderstrafrechtsverordnung (KSSVO) vom 17. August 1938 (Anhang Nr. 5, S. 143) sah die Todesstrafe für die Zersetzung der Wehrkraft vor, wenn jemand »öffentlich dazu auffordert oder anreizt, die Erfüllung der Dienstpflicht in der deutschen oder einer verbündeten Wehrmacht zu verweigern oder sonst öffentlich den Willen des deutschen oder verbündeten Volkes zur wehrhaften Selbstbehauptung zu lähmen oder zu zersetzen versucht«. Eine ähnliche Bestimmung enthielt § 91 b Strafgesetzbuch nach dem Strafrechtsänderungsgesetz vom 24. April 1934 (Anhang Nr. 4, S. 143).
Nach beiden Bestimmungen konnte aber *in minder schweren Fällen* auf Zuchthaus oder Gefängnis erkannt werden. Somit durften auch nach damaligem Recht Fälle nicht mit der schwersten Strafe geahndet werden, wenn Strafmilderungsgründe vorlagen. Es war und ist allgemein anerkannt, daß die Weite eines Strafrahmens ihr Gegengewicht in verpflichtenden Grundsätzen der Strafzumessung finden muß.[7] Wenn ein Strafgesetz einen weiten Strafrahmen zur Verfügung stellt und dadurch selbst zu erkennen gibt, daß sein Tatbestand durch Handlungen von sehr unterschiedlichem Schuld- und Unrechtsgehalt verwirklicht werden kann, so spricht es damit zugleich den Grundsatz aus, daß die angedrohte Höchststrafe nur in jenen Fällen verhängt werden darf, bei denen der Unrechtsgehalt der Tat besonders hoch und die Schuld oder die Gefährlichkeit des Täters besonders groß sind.[8] Auch damals war der Richter an diese Grundsät-

ze gebunden, denn sie gelten grundsätzlich auch für Not- und Kriegszeiten. Zwar ist es in allen Völkern und zu allen Zeiten üblich, daß der Staat in Zeiten höchster Gefahr den Gerichten größere Verfahrensfreiheiten einräumt und sie sachlich strenger zu arbeiten haben.[9] Trotzdem gilt auch in solchen Zeiten das Verbot der grausamen und übertrieben harten Strafen. Es bestimmte auch von jeher als ungeschriebener Grundsatz die deutsche Strafrechtspflege.[10]

Der Angeklagte *Steffek* wurde zum Tode verurteilt, weil er im Mai 1943 in einer öffentlichen Gastwirtschaft behauptet hat, die Massenmorde an den polnischen Offizieren in Katyn seien, entgegen der amtlichen deutschen Propaganda, nicht von den Sowjets, sondern von der Waffen-SS verübt worden. Selbst wenn man davon ausgeht, daß die Äußerungen öffentlich erfolgt sind und in Kriegszeiten eine sehr strenge Strafrechtsprechung erforderlich sein mag, verstößt das Todesurteil in ganz erheblichem Umfange gegen das Verbot der nicht tatadäquaten unmenschlichen Bestrafung. Trotz des weiten Strafrahmens in § 5 der Kriegssonderstrafrechtsverordnung (Anhang Nr. 5, S. 143) und in § 91 b Strafgesetzbuch (Anhang Nr. 4, S. 143) verwies der Volksgerichtshof bei der Strafzumessung lediglich auf die besondere Gefährlichkeit dieser Äußerungen in Kriegszeiten und auf die Erschütterung des Glaubens an die Ehrenhaftigkeit und Ehrlichkeit der amtlichen deutschen Propaganda. Strafmildernd hätte berücksichtigt werden müssen, daß die Äußerung nur einmal und nur gegenüber zwei Personen erfolgt ist. Bezeichnend für die menschenunwürdige Strafzumessung sind vor allem die Ausführungen des Gerichts, daß der Angeklagte wegen seiner Äußerungen auch dann zum Tode hätte verurteilt werden müssen, wenn er wegen seines Alkoholgenusses den Nachweis hätte erbringen können, daß er sich zur Tatzeit im Zustand verminderter Zurechnungsfähigkeit befunden hätte. Hieran wird deutlich, daß sich das Gericht den damals von der Staatsführung gewünschten und geforderten Bestrebungen nach unbedingter und gewaltsamer Unterdrückung jeder ihr abträglichen Äußerung und Gesinnung gebeugt hat, um ohne Rücksicht auf Art und Maß der Schuld, die Strafe als Mittel zur politischen Einschüchterung der Bevölkerung zu mißbrauchen und dadurch einer schrankenlosen Durchführung des totalen Krieges zu dienen. Es fehlt das für einen wahren Rechtsspruch Ausschlaggebende, nämlich die sachliche und erschöpfende Abwägung aller Strafzwecke. Die Strafe bedeutete keine Rechtsanwendung mehr, sondern Willkür.[11]

Vergebliche Feindbegünstigung und moralische Minderwertigkeit

(Urteil des Volksgerichtshofs vom 31. 8. 1942 gegen den Emigranten *Schubert*)[12]

Der Angeklagte emigrierte im Jahre 1937 nach Frankreich, nachdem er 1933 wegen politischer Unzuverlässigkeit seine Stellung verloren hatte. In Frankreich bot der Angeklagte französischen Dienststellen mehrfach seine Dienste gegen das damalige Deutsche Reich an. Deshalb wurde er wegen Feindbegünstigung und hochverräterischer Verbindung zu einer ausländischen Regierung zum Tode verurteilt. Aus den Gründen des Urteils:

»Die gesamte im Sachverhalt festgestellte Tätigkeit des Angeklagten hatte, wie aus dem Inhalt der erfaßten Schriftstücke ohne weiteres ersichtlich ist und vom Angeklagten auch zugegeben wird, den gewaltsamen Sturz der nationalsozialistischen Regierung in Deutschland zum Ziel. Mit besonderer Deutlichkeit hat dies der Angeklagte in seiner polizeilichen Vernehmung vom 4. November 1940, die er in der Hauptverhandlung nach Vorhalt vollinhaltlich anerkannt hat und die im Tatbestand wiedergegeben ist, präzisiert. Es ist ohne nähere Ausführungen klar, daß diese Ziele des Angeklagten hochverräterisch im Sinne des § 80 Abs. 2 StGB [Strafgesetzbuch; Anhang Nr. 4, S. 141] sind. Der Angeklagte war auch um die Verwirklichung seiner Pläne bemüht. Zu diesem Zwecke richtete er, wie der Sachverhalt zeigt, in der Zeit vom 3. September 1939 bis Mai 1940 eine ganze Reihe von Zuschriften an französische Regierungsstellen, in denen er auf seine Gegnerschaft zum nationalsozialistischen Deutschland besonders hinwies und Vorschläge und Fingerzeige zur Durchsetzung seiner hochverräterischen, im einzelnen angeführten Pläne machte. In der Annahme, daß seine Absichten den Wünschen der französischen Regierungsstellen entgegenkämen, bat er offen um die Unterstützung derselben bei Verwirklichung seines hochverräterischen Vorhabens. Der Angeklagte hat hierdurch nach der äußeren und inneren Tatseite das fortgesetzte Verbrechen der Vorbereitung zum Hochverrat nach §§ 80 Abs. 2, 82

Abs. 2 StGB begangen ... Hingegen hat sich der Angeklagte am 3. September 1939, also am Tage der Kriegserklärung Frankreichs und Englands an Deutschland, der französischen Republik als Propagandist gegen Deutschland zur Verfügung gestellt. Er hat hierbei klar erkannt, welche Bedeutung der Propaganda im totalen Krieg zukommt ... Er machte sich erbötig, in der Propaganda den »Kommandohebel der Kriegsmaschine, den Geist des Soldaten« zu lenken ...
Der Angeklagte hat in seinen wiederholten Angeboten keinen Zweifel darüber gelassen, in welcher Richtung er diesen »Kommandohebel« betätigt haben wollte, nämlich auf Lähmung der deutschen Kriegsmacht durch Aushöhlung der Widerstandskraft sowohl der Armee als auch der Heimat von innen. Er hat hierdurch nach der äußeren und inneren Tatseite auch das Verbrechen nach § 91 b StGB begangen ...
Bei der erkennbar gewordenen moralischen Minderwertigkeit des Angeklagten war es notwendig, ihn auf seinen Geisteszustand zu untersuchen. Die angeordnete fachärztliche Untersuchung des Angeklagten hat nach dem in der Hauptverhandlung vorgetragenen ausführlichen und erschöpfenden Gutachten des medizinischen Sachverständigen, dem sich der Senat anschließt, folgendes Ergebnis:

a) Der Angeklagte leidet nicht an einer Geisteskrankheit, insbesondere nicht an einer Schizophrenie (Spaltungsirresein) und auch nicht an einem Defektzustand nach einer abgelaufenen Geisteskrankheit.

b) Beim Angeklagten handelt es sich um eine entwicklungsbedingte Fehlform, an deren Ausprägung Erlebnisse während der Gefügewandlungen während der Reifeperiode maßgebend beteiligt sind. Auf dieser Grundlage entwickelte sich eine schwere psychopathische Dauerverfassung.

c) Diese psychopathische Dauerverfassung ist so erheblich, daß die Voraussetzungen des § 51 Abs. 2 StGB [Strafgesetzbuch; Schuldunfähigkeit wegen verminderter Zurechnungsfähigkeit] erfüllt sind, nicht jedoch die des § 51 Abs. 1 StGB. Der Angeklagte gehört zu dem gefährlichen Typ des psychopathischen Verbrechers, der jedoch keineswegs unzurechnungsfähig ist ...«

Zur Strafzumessung wurde ausgeführt:

»Die Strafe war gemäß § 73 StGB aus § 91 b Abs. 1 StGB zu entnehmen, da diese Bestimmung gegenüber § 82 Abs. 2 StGB die schwerere Strafe androht. § 91 b Abs. 2 scheidet aus, da der Eintritt schwererer Folgen seiner Tat nicht auszuschließen war. Der Senat hatte zu prüfen, ob die psychopathische Dauerverfassung des Angeklagten Anlaß zu einer Strafmilderung nach § 51 Abs. 2 StGB geben kann. Der Angeklagte mußte 1939 aus seiner Stelle bei der Reichspost wegen seiner politischen Unzuverlässigkeit entfernt werden. Er hat in der Folgezeit keinerlei Bemühen gezeigt, zum Nationalsozialismus, wie viele vorherige Gegner, wenigstens in ein erträgliches Verhältnis zu kommen. Im Gegenteil steigerte er sich selbst bewußt immer mehr in eine ablehnende Haltung hinein, die schließlich dazu führte, daß er Deutschland verließ, weil er dort keine Möglichkeit mehr sah, sich in seinem Sinne zu betätigen. Vom sicheren Auslande aus glaubte er, nun ungestraft Verrat an seinem Volke üben zu können. Er ließ keine Gelegenheit ungenutzt, um sich in die antideutsche Front einzuschalten und aktiv an deren verbrecherischen Zielen mitzuarbeiten. Mit fanatischer Beharrlichkeit und Ausdauer arbeitete er gemeinsam mit der im damaligen Frankreich aufhältigen wurzellosen Emigrantenclique auf das ihm erstrebenswert erscheinende Ziel, die nationalsozialistische Regierung zu stürzen, hin. Nicht einmal der Ausbruch des Krieges vermochte ihn zur Besinnung und Einkehr zu bringen. Im Gegenteil, er überbot sich von da an in Anbiederungen an die französische Regierung und suchte durch alle möglichen Mittel zu erreichen, daß ihm die aktive Propaganda gegen die nationalsozialistische Staatsführung ermöglicht werde, welcher Kampf nach seinem Willen in der Trennung von Volk und Führung Krönung und Erfüllung finden sollte. Er ist einer jener unbelehrbaren Intellektuellen, deren Treiben überaus gefährlich ist. Der Angeklagte ist eine dauernde Gefahr für das deutsche Volk, besonders in dem ihm aufgezwungenen Existenzkampf. Der Angeklagte besitzt so viel Einsichtsvermögen, daß er diese Gefahr erkennt, die sein Tun für das deutsche Volk im Kriege herbeiführen mußte . . . Das Schutzbedürfnis von Volk und Staat erfordert es gebieterisch, gegen solche Elemente mit der ganzen Schärfe des Gesetzes vorzugehen. Der Senat hat dabei keinerlei Anlaß gesehen, von der Möglichkeit der Strafmilderung aus § 51 Abs. 2 StGB Gebrauch zu machen . . .«

Der Angeklagte war, nachdem ihm durch das NS-Regime seine Existenzgrundlage entzogen worden war, nach Frankreich emigriert. Dort bot er mehrfach *vergeblich* seine Dienste für die Propaganda gegen das damalige Deutsche Reich an. Hierin sah der Volksgerichtshof ein todeswürdiges Verbrechen, obwohl die französischen Stellen seine Dienste nicht annahmen und deshalb ein entscheidender Nachteil für das Deutsche Reich nicht eingetreten ist. Keinerlei Berücksichtigung bei der Strafzumessung fand ferner das Gutachten des med. Sachverständigen, welches dem Angeklagten eine »schwere psychopathische Dauerverfassung« bescheinigte. Trotzdem blieb § 51 Abs. 2 StGB (verminderte Zurechnungsfähigkeit!) bei der Strafzumessung unberücksichtigt, weil es sich nach Ansicht des Volksgerichtshofes bei dem Angeklagten um »einen jener unbelehrbaren Intellektuellen, deren Treiben überaus gefährlich ist« handelte und »das Schutzbedürfnis von Volk und Staat es gebieterisch erfordert, gegen solche Elemente mit der ganzen Schärfe des Gesetzes vorzugehen«.

Die völlige Nichtberücksichtigung der verminderten Zurechnungsfähigkeit des Angeklagten war typisch für die damalige Rechtsprechung des Volksgerichtshofes, der es in erster Linie darum ging, Feinde des Regimes mit allen Mitteln zu beseitigen. Auch die »zwingende Verpflichtung eines jeden Volksgenossen, nichts zu unternehmen, was geeignet ist, die feindliche Macht zu fördern oder die Kriegsmacht des Reiches oder seiner Bundesgenossen zu schädigen« und die Tatsache, daß der 2. Weltkrieg »nicht nur mit Waffen, sondern auch ideologisch geführt worden ist«[13] schlossen die Berücksichtigung von Minderungsgründen nicht aus. Bei vernünftiger sachgerechter Würdigung der Tat des Angeklagten, der seinen Propagandadienst vergeblich bei den französischen Stellen angeboten hat, hätte die Todesstrafe nicht verhängt werden dürfen.

Kommunistische Schriften im Schicksalskampf

(Urteil des Volksgerichtshofs vom 14. 12. 1942 gegen den Mechaniker Weiß)[14]

Das Urteil erging unter dem Vorsitz des Oberlandesgerichtsrats *Dr. Koehler.*

»Der Angeklagte Weiß hat durch Weitergabe von Schriften nach Beginn des Kampfes gegen die Sowjet-Union im Protektorat tschechischen Kommunisten zur Vorbereitung zum Hochverrat und zur landesverräterischen Feindbegünstigung Hilfe geleistet. Er wird deshalb
zum Tode
und zum dauernden Ehrverlust verurteilt.«

Aus den Gründen:

»Der Angeklagte, ein Protektoratsangehöriger, der behauptet, volksdeutscher Abstammung zu sein, hat in Prag in der Zeit zwischen Januar und April 1942 auf Veranlassung der Kommunistin »Nina« (richtig: Anna Kopslová), die mit der volljüdischen Ehefrau des Angeklagten bekannt geworden und bei einem Besuch in der Wohnung des Angeklagten mit dem Sohn Boris des Arbeitgebers des Weiß, Goloatjuk, zusammengetroffen war, etwa viermal kommunistische Schriften dem Boris Goloatjuk überbracht und alsdann meist auch wieder der »Nina« zugeleitet. Bei den Schriften handelte es sich um Stücke des gerichtsbekannten illegalen »Roten Rechts« und des »Komsomol«, ferner um zwei in tschechischer Sprache abgefaßte Bücher über den Leninismus . . .
Der Senat hat sich jedoch nicht davon zu überzeugen vermocht, daß der Angeklagte durch sein Tun eigene politische Ziele hat verwirklichen wollen. Da er bisher nicht politisch organisiert war, nur auf Veranlassung der »Nina« tätig geworden ist und sich auf die auftragsgemäße Weiterleitung der illegalen Schriften beschränkt hat, ist seine Einlassung, er habe der »Nina« und dem Sohn seines Arbeitgebers Gefälligkeiten erweisen wollen, nicht widerlegt. Er ist infolgedessen nur als der über die umstürzlerischen Ziele unterrichtete Gehilfe der »Nina« bei deren illegaler kommunistischer Betätigung anzusehen und deshalb wegen Beihilfe (§ 49 StGB) zur agitatorischen Vorbereitung des kommunistischen Hochverrats und zur landesverräterischen Feindbegünstigung zu bestrafen . . .
Wer sich so, wie es der Angeklagte im Schicksalskampf des deutschen Volkes getan hat, gegen den Bestand des Reiches vorgeht, hat sein Leben verwirkt. Unter Ausschluß jeglicher Strafmilderungsgründe (§§ 84, 91 b Abs. 2 StGB [Anhang Nr. 4, S. 142 ff.]) hat deshalb der Senat von der gesetzlichen Befugnis, gegen den Gehilfen die gleiche Strafe wie gegen den Haupttäter zu verhängen (§ 4 der Verordnung gegen Gewaltverbrecher vom 5. Dezember 1939), Gebrauch gemacht und auf die Todesstrafe erkannt.

   gez. Rehse*, zugleich für den durch Abwesenheit von Berlin an der Mitunterzeichnung verhinderten Vorsitzer, Oberlandesgerichtsrat Dr. Koehler.«

---

*   Kammergerichtsrat *Hans-Joachim Rehse* war zunächst als Ermittlungsrichter des Volksgerichtshofs tätig. Am 10. Dezember 1941 wurde er zum Hilfsrichter berufen und war dann bis zum Zusammenbruch Beisitzer vor allem im 1. Senat unter dem Vorsitz von *Dr. Freisler*.

Die polnische Prophezeiung

(Urteil des Volksgerichtshofs vom 26. 10. 1943 gegen Koslowski)[15]

Das Urteil erging unter dem Vorsitz des Volksgerichtsrats *Dr. Koehler.*

»Der Angeklagte hat während des Krieges wiederholt in Polenlagern eine sogenannte polnische Prophezeiung verlesen, in der die Niederlage Deutschlands und der polnische Sieg vorhergesagt wurde. Er wird deshalb wegen Vorbereitung zum Hochverrat in Verbindung mit Feindbegünstigung *zum Tode* und zum dauernden Ehrverlust verurteilt.«

In den Gründen wurde u. a. ausgeführt:

»Der Angeklagte besuchte nach der Zerschlagung des polnischen Staates wiederholt seine in den Ostgebieten wohnenden Verwandten. Als er im

---

Durch Urteil des Berliner Schwurgerichts vom 3. Juli 1967 wurde er wegen Beihilfe zum Mord in verschiedenen Fällen zu einer Gesamtstrafe von 12 Jahren Zuchthaus verurteilt. Seit 9. Februar 1967 war er in Untersuchungshaft. Der Bundesgerichtshof hob am 30. April 1968 das Schwurgerichtsurteil auf, weil *Rehse* bei seiner Mitwirkung an rechtswidrigen Todesurteilen nicht Gehilfe, sondern nur Täter gewesen sein könne. Es müßten deshalb auch bei ihm (nicht nur bei *Freisler*) niedrige Beweggründe nachgewiesen werden. Dieser Nachweis konnte in der erneuten Hauptverhandlung am 6. Dezember 1968 nach Auffassung des Gerichts nicht erbracht werden und Rehse wurde freigesprochen.
Die Kritik in der Öffentlichkeit richtete sich vor allem gegen dieses freisprechende Urteil. Das Schwurgericht Berlin kam auf der Grundlage der Rechtsprechung des Bundesgerichtshofes zu der Auffassung, daß die vom Volksgerichtshof angewandten Strafbestimmungen – § 91 b StGB und § 5 der Kriegssonderstrafrechtsverordnung [Anhänge 4/5, S. 141 ff.] – rechtsgültig gewesen seien und nicht nachgewiesen werden könne, daß *Rehse* diese Bestimmungen auf die zum Tode Verurteilten bewußt unrichtig angewandt und so das Recht gebeugt habe. Die Verhängung der Todesstrafe sei zwar objektiv rechtswidrig gewesen, »sie habe jedoch der scharfen Bekämpfung der Wehrkraftzersetzung durch den Volksgerichtshof entsprochen, der derartige Fälle in der Regel als todeswürdig angesehen habe.« Außerdem konnte vom Schwurgericht nicht festgestellt werden, daß es sich um »Scheinverfahren gehandelt habe, deren eigentlicher Zweck die Vernichtung politischer Gegner gewesen sei«.
Das von der Staatsanwaltschaft eingeleitete Revisionsverfahren kam nicht zum Abschluß, weil *Rehse* im Herbst 1969 in Schleswig an Herzversagen verstarb.

Herbst 1940 auch seinen in Powitz wohnhaften Schwager, den Viehhändler Kasimir Kubiak aufsuchte, ließ dieser ihn eine in polnischer Sprache abgefaßte, mit der Hand geschriebene ›Prophezeiung‹ lesen, die ungefähr folgenden Wortlaut hatte:
›Nastro Damos, der 1603 in Paris geboren war, wurde von Katharina von Medici gefragt, ob Frankreich jemals seine Unabhängigkeit verlieren werde. Darauf antwortete er: Ich sehe, wo drei niedrig geborene Menschen den Thron einnehmen werden. Der erste ist Mussolini, der an der Seite des Papstes und des Königs regieren wird. Der zweite ist Stalin, der seinem Volke befiehlt, sich von Gott loszulösen und die Hand in die Faust umzuwandeln, auch seine Grenzen verschließt vor dem Einblick anderer. Der dritte in Deutschland ist Hitler, der am Ausgang des Jahres 1939 sein Heer an den Ausgang der Weichsel schickt. Es wird ein kurzer und blutiger Kampf. Er wird in unser Reich durch das Flandernreich einbrechen. Lange Zeit vorher wird Frankreich einen Wall von Stahl errichten, in welchem sich die Soldaten, die die Grenzen schützen werden, bewegen. Paris wird aufhören zu existieren. Die Städte in Europa werden verwüstet und die Dörfer aussterben; es wird eine Drangsal nach der anderen kommen. Es kommen übers Meer soviel Flugzeuge, daß die Sonne wird verfinstert werden. 430 Jahre ist das nach meiner Geburt . . . Der weiße Adler wird wieder auferstehen, der schwarze Adler aber zugrunde gehen und ein neues mächtiges Polenreich entstehen, das noch einmal so groß wie das alte sein und von Meer zu Meer reichen wird . . .‹
Tatsächlich war dieses Machwerk nichts anderes als ein der besonderen polnischen Sinnesart angepaßtes Propagandamittel reichsfeindlicher Polen, die in dem Bestreben, den zerschlagenen polnischen Staat wieder erstehen zu lassen, auf die Losreißung der eingegliederten Ostgebiete hinarbeiteten, darüber hinaus auch noch deutsches Land in Anspruch nehmen und für diese Ziele auch noch die im Reiche lebenden Polen gewinnen wollen. Der Inhalt der ›Prophezeiung‹ läßt an dieser hochverräterischen Zielrichtung keinen Zweifel . . .
Die Tat des Angeklagten ist todeswürdig (§ 91 b Abs. 1 StGB [Anhang 4, S. 143]). Sie ist es schon deshalb, weil er, der trotz seiner polnischen Abstammung in seinem Beruf einen beachtlichen Aufstieg im Reich hatte nehmen können, pflicht- und ehrvergessen den Treueid gebrochen hat, den er dem Führer als Beamter geleistet hatte. Jedoch auch die Gefährlichkeit seines Tuns verlangt die Todesstrafe gegen ihn. Denn er las die ›Prophezeiung‹ polnischen Arbeitern vor, die im Dienste der deutschen Kriegswirtschaft standen, tat das nicht ein-, sondern mindestens viermal und schuf so einen Gefahrenherd, der ernste Beachtung verdiente . . .«

Das Todesurteil wurde am 22. November 1943 vollstreckt.

Dolchstöße mit Flugblättern

(Urteil des Volksgerichtshofs vom 7. 1. 1943)[16]

Als im Juli 1942 ein Bergmann nach einem feindlichen Luftangriff mit der Straßenbahn zur Arbeit fuhr, zeigte er einer Schaffnerin einige englische Flugblätter, die bei dem Angriff abgeworfen wurden und bemerkte, was darin stehe, sei richtig. Er schimpfte dabei über den Krieg und meinte, das Volk solle Revolution machen.
Dafür wurde er zum Tode und zu dauerndem Ehrverlust verurteilt.

»Der Verteidiger hat gemeint, der Angeklagte sei doch nur ein Meckerer. Aber dem kann der Volksgerichtshof nicht zustimmen. Wer mit feindlichen Flugblättern in der Hand öffentlich sagt, das Volk solle Revolution machen, der höhlt höchst gefährlich die innere Front aus, während der deutsche Soldat in schwerem Kampf sein Leben einsetzt. Der versetzt unserem Heere einen Dolchstoß. Höchst gefährlich – wie 1917/18 zeigt –, selbst wenn der 1. oder 2. oder viele solche erste Dolchstöße noch nicht treffen. Und das weiß auch jeder, so auch freilich der etwas beschränkte Angeklagte! Er ist also kein Meckerer, sondern ein gefährlicher Feind des kämpfenden Volkes. Er tut gerade das, worauf der Engländer spekuliert, wenn er Bomben und Flugblätter gemischt abwirft: das Volk zersetzen, seine Wehrkraft im totalen Krieg schwächen, den Feind begünstigen (§ 91 b StGB).«

»Das deutsche Volk braucht nur eine Leiche«

(Urteil des Volksgerichtshofs vom 24. 5. 1943)[17]

Ein 50jähriger psychopathischer Rentner verschickte ungefähr 100 Postkarten, die Beschimpfungen und Verdächtigungen der NS-Führung enthielten, u. a. die Bemerkung, das deutsche Volk brauche nur eine Leiche – die des Führers. Der Volksgerichtshof anerkannte die psychopathische Verfassung des Angeklagten aufgrund einer vererbten Geisteskrankheit, bestrafte ihn aber trotzdem mit dem Tod.

»Der 1. Senat des Volksgerichtshofs hält für solche Fälle eine Strafminderung für fehl am Platze. Wessen Verantwortungsfähigkeit durch seine organische Konstitution geschwächt ist, der muß doppelte Kraft einsetzen, um doch anständig zu bleiben. Auch ist der weniger Verantwortungsfähige oft der Volksgemeinschaft um so gefährlicher, deshalb muß es in solchen Fällen bei der normalen Bestrafung bleiben.
Dies aber kann bei jemandem, der dem Kriegsfeind hilft und unsere Wehrkraft zersetzt, nur die Todesstrafe sein. Als Deutscher hat der Angeklagte durch sein Verbrechen unser Volk verraten. Er ist deshalb auch für immer ehrlos.«

Hitlers Geschenk an die Berliner

(Urteil des Volksgerichtshofs vom 26. 6. 1943)[18]

Der Volksgerichtshof hielt auch politische Witze für so verderblich und gefährlich, daß sie in Verbindung mit dem übrigen Verhalten als todeswürdig angesehen wurden. Nur ein Beispiel: Eine technische Zeichnerin, die ihren Mann im Kriege verloren hatte, ist in einem Rüstungsbetrieb durch reichs- und volksfeindliches Verhalten aufgefallen. So habe sie – nach Auffassung des Volksgerichtshofs – die Freude ihrer Arbeitskollegen über deutsche Siege durch die Bemerkung getrübt, es komme noch anders. Einem (!) Angestellten habe sie folgenden Witz erzählt: *Göring* habe, als *Hitler* auf dem Berliner Funkturm geäußert habe, er möchte den Berlinern eine Freude machen, gesagt, dann solle er doch vom Turm herunterspringen.

»In diesem ›Witz‹ liegt die ganze Gemeinheit einer infamen reichs- und volksfeindlichen Agitation. Dessen ist sich auch jeder, der ihn hört oder gar weitersagt, sofort bewußt. Man bekommt ja geradezu einen Schlag, wenn man ihn hört. Er nagt an der Zuversicht, dem Siegvertrauen, der Kampfbereitschaft unseres Volkes. Er zieht etwas in die Niederung reichsfeindlicher Propaganda, was uns heilig ist: unseren Führer.«

Nach Auffassung des Volksgerichtshofs hat sich die Angeklagte ferner mit tschechischen Arbeitern abgegeben und sie zum Auseinanderlaufen aufgefordert. Deutschland sei am Krieg schuld und werde ihn verlieren. SA und SS seien roh und fähig alles niederzumachen. Der Führer müsse niedergeschossen werden; denn ohne ihn hätte es keinen Krieg gegeben. Und so urteilte der Volksgerichtshof:

»Mag sein, daß der Einfluß der tschechischen Männer Frau K. beherrscht hat (freilich sagt sie, diese seien gar nicht deutschfeindlich gewesen). Aber so sehr der Volksgerichtshof anerkennt, daß in den geschlechtlichen Beziehungen und für deren Folgen der Mann verantwortlich ist – in diesem Fall kann Frau K. sich darauf nicht berufen; denn dadurch, daß sie – noch dazu mitten in Deutschland – hintereinander mit mehreren Tschechen ›ging‹, hat sie in sich selbst ihr Deutschtum verraten. Die Folgen ihres Verrats treffen deshalb ihre Verantwortung.
Frau K. hat weiter darauf verwiesen, sie sei doch Kriegerwitwe, der Schmerz um den Tod ihres Mannes habe sie zu ihrem Verhalten, soweit sie es zugibt, getrieben. Aber dazu treibt der Schmerz eine deutsche Kriegerwitwe nicht, erst recht nicht anderthalb oder zwei Jahre nach dem Heldentod des Mannes. Und: so wenig der Volksgerichtshof nur ein Wort hätte sagen können und wollen, wenn sie nun daran gegangen wäre, mit einem deutschen Mann ein neues Leben aufzubauen – das wäre natürlich gewesen –, so muß er doch erklären: dadurch, daß sie nacheinander mit mehreren Tschechen ging, hat sie die Ehre ihres gefallenen Mannes geschändet ...
Was Frau K. getan hat, ist ... einer der schlimmsten Fälle von Zersetzung unserer Wehrkraft (§ 5 KSSVO [Kriegssonderstrafrechtsverordnung; Anhang Nr. 5, S. 143]). Eine deutsche, ihres deutschen Wesens vergessene Kriegerwitwe ... in einem wichtigen Rüstungsbetrieb, ersehnte unsere Niederlage, gab als Ausweg aus dem Kriege das Auseinanderlaufen der Arbeiter, also den Munitionsarbeiterstreik von 1917 an, schob uns die Schuld am Kriege zu und wagte sich an die Person des Führers, der niedergeschossen werden müsse!!!
Unser Recht setzt auf so etwas mit Recht allein die Todesstrafe. Nur wenn der Fall minder schwer ist, kann der Richter davon absehen. Dies ist aber ein schwerer Fall! 1918 darf sich nicht wiederholen! ...«

Schon der Stil dieses Urteils spricht für sich selbst. Es fehlt jeglicher Anhaltspunkt, der auf eine sachliche Abwägung aller entscheidungserheblichen Umstände schließen ließe.

Ähnliches trifft auf zahlreiche andere Todesurteile zu, die vor allem gegen Geistliche ergangen sind, die offen ihre Abneigung gegen den Nationalsozialismus erklärten.

Das Gebot der Kirche über der Stimme des Blutes

(Urteile des Volksgerichtshofs vom 2. 7. 1943 und vom 14. 10. 1943)[19]

Ein Geistlicher der »Gesellschaft Mariae« emigrierte im Januar 1939 nach Spanien. Er predigte über die Bedrängung der Kirchen in Deutschland durch den Nationalsozialismus. In einem bischöflichen Hirtenbrief bezeichnete er den Nationalsozialismus als Weltgefahr für Religion und Katholizismus. Außerdem verteilte er englisches Propagandamaterial an andere Geistliche. Er wurde vom Volksgerichtshof zum Tode und zu dauerndem Ehrverlust verurteilt. Aus den Gründen des Urteils:

»Als das deutsche Blut in mächtigem Strome von den Alpen bis zur Nordsee sich sein Großdeutsches Reich schuf, blieb er abseits, ja feindlich. Denn er hielt den Nationalsozialismus für einen Todfeind der Religion und der katholischen Kirche ...
Dem Angeklagten hat der Vorsitzende vorgehalten, daß der Führer und das Parteiprogramm, die bevorrechtigte öffentlich-rechtliche Stellung der Kirche und ihre Subvention eine Behauptung über Religionsfeindschaft des Nationalsozialismus von vornherein zur Lüge stempelt. Jakob G. berief sich für seine Behauptung auf dreierlei:
a) auf die Schließung privater Schulen. Ganz zu Unrecht. Damit bekundet der Nationalsozialismus nur, daß er die Erziehung der Deutschen von morgen als das deutsche Volk von heute in eigener Verantwortung durchführen wolle;
b) auf Rosenbergs Mythos des 20. Jahrhunderts; wie die Hauptverhandlung ergab, hat er das Buch völlig mißverstanden, wahrscheinlich, weil sein Dogmatismus ihm ein Eindringen in das Wesen dieses Buches gar nicht gestattete;
c) auf eine Sendung des Vatikan-Senders von 1938, in der die Behauptung der Religionsfeindschaft und Christenunterdrückung durch den Nationalsozialismus aufgestellt war; mindestens äußerst leichtfertig, am Kreuzweg zwischen Volkstreue und Volksverrat ganz vage Agitationsbehauptungen einer deutschfremden Stelle entscheidend werden zu lassen! Er hat für

seine Behauptungen keine Grundlage.

Jakob G. war sich darüber klar, durch sein Verhalten das deutsche Volk und Deutsche Reich schwer zu schädigen und im Kriege dadurch dem Feind zu helfen. Er erklärt dazu, für ihn gehe das Gebot der Kirche und ihr Interesse über die Stimme des Blutes, über Volkszugehörigkeit und Vaterland. Er sehe in diesem Kriege zwei Gefahren für das deutsche Volk: Die eine Gefahr, daß England siegt; dieser Sieg würde das deutsche Volk schädigen.

Die andere Gefahr (!!!), daß Deutschland siegt. Dieser Sieg sei eine schwerere Gefahr für das deutsche Volk als der Sieg Englands; denn dann bleibe der Nationalsozialismus. All das erklärte der Angeklagte selbst und fügte hinzu, daß er auch wisse, daß der Nationalsozialismus nicht wie der Liberalismus antworten könne, der eine Gesinnungstäterschaft als solche anerkenne; denn wie der Katholizismus erhebe er einen weltanschaulichen Totalitätsanspruch. Deshalb müsse er – Jakob G. – ihn auch bekämpfen und werde das zeitlebens tun.

Mit einem hat der Angeklagte recht: Wie der Liberalismus, der Volksverrat und Volkstreue moralisch nicht verurteilt und nicht hochwertet, antwortet der Nationalsozialismus nicht. Er kann nur eine Antwort kennen: Wer so die Stimme des Blutes in sich verrät, wer alles daran setzt, Deutschland seine Freunde zu entfremden und Deutschlands Feinden zu helfen, weil ihr Sieg für unser Volk weniger schlimm sei als unser Sieg – ein solcher Deutscher hat für immer, für unser Geschlecht und die Reihe der deutschen Geschlechter nach uns, seine Ehre verwirkt; und er muß deshalb als verräterischer Helfer unserer Kriegsfeinde (§ 91 b StGB [Anhang 4, S. 143]) mit dem Tode bestraft werden.«

Das Urteil wurde am 13. August 1943 vollstreckt.

Der badische Diözesanpriester *Dr. Max Josef Metzger* war maßgeblich an der Gründung zahlreicher konfessioneller Organisationen – vor allem der Una Sancta Bewegung – beteiligt. Wegen eines an den schwedischen Erzbischof in Uppsala gerichteten Manifests, in dem er in getarnter Form eine demokratische Staatsordnung für Deutschland nach dem Kriege entworfen hatte, wurde er von der Geheimen Staatspolizei verhaftet und zum Tode verurteilt. In der Hauptverhandlung versuchte der Priester die Una Sancta Bewegung zu erklären, wurde aber von dem wütenden *Freisler* mit den Worten unterbrochen: »Una Sancta, Una Sancta, Una Sanctissima, Una – das sind wir, und weiter gibt es nichts!«

Die »Untermenschen«

> »Wir werden eine Razzia machen müssen, Quadratmeter um Quadratmeter, und immer aufknüpfen!
> Das wird ein richtiger Indianerkrieg werden. Aber das muß man wissen: Wenn man nicht das Judentum ausrottet – im Judentum haben sie die Telefonstrippe –, dann nützt das alles nichts!«
>
> *Hitler*, Monologe im Führerhauptquartier
> am 30. August 1942, abends[1]

Das Recht des Stärkeren

Das Recht des Stärkeren und die Rechtlosigkeit des Schwächeren wurden niemals zuvor so konsequent zur Grundlage jeglichen staatlichen Handelns gemacht wie im Dritten Reich. *Hitler* formulierte dies 1928 so:

»Erstens muß unser Volk von dem hoffnungslos wirren Internationalismus befreit und bewußt und systematisch zum fanatischen Nationalismus erzogen werden. Zweitens werden wir unser Volk, indem wir es dazu erziehen, gegen den Irrsinn der Demokratie zu kämpfen und wieder die Notwendigkeit von Autorität und Führertum einzusehen, von dem Unsinn des Parlamentarismus fortreißen. Drittens werden wir, indem wir das Volk von dem jämmerlichen Glauben an eine Hilfe von draußen, das heißt von dem Glauben an Völkerversöhnung, Weltfrieden, Völkerbund und internationale Solidarität, befreien, diese Ideen zerstören. Es gibt nur ein Recht in der Welt, und dieses Recht liegt in der eigenen Stärke ...«

Im SS-Hauptamt erfolgte die Übertragung in weltanschauliche Niederungen:

»So, wie die Nacht aufsteht gegen den Tag, wie sich Licht und Schatten ewig feind sind – so ist der größte Feind des erdebeherrschenden Menschen der Mensch selbst.
Der Untermensch – jene biologisch scheinbar völlig gleichgeartete Naturschöpfung mit Händen, Füßen und einer Art von Gehirn, mit Augen und Mund, ist doch eine ganz andere, eine furchtbare Kreatur, ist nur ein Wurf zum Menschen hin, mit menschenähnlichen Gesichtszügen – geistig, seelisch jedoch tiefer stehend als jedes Tier. Im Inneren dieses Menschen ein grausames Chaos wilder, hemmungsloser Leidenschaften: namenloser Zerstörungswille, pri-

mitivste Begierde, unverhüllteste Gemeinheit. Untermensch – sonst nichts!
Denn es ist nicht alles gleich, was Menschenantlitz trägt. Wehe dem, der das vergißt! . . .
Aber auch der Untermensch lebte. Er haßte das Werk des anderen. Er wütete dagegen, heimlich als Dieb, öffentlich als Lästerer – als Mörder. Er gesellte sich zu seinesgleichen.
Die Bestie rief die Bestie. –
Nie wahrte der Untermensch Frieden, nie gab er Ruhe. Denn er brauchte das Halbdunkel, das Chaos. Er scheute das Licht des kulturellen Fortschritts. Er brauchte zur Selbsterhaltung den Sumpf, die Hölle, nicht aber die Sonne. – Und diese Unterwelt des Untermenschen fand ihren Führer: – den ewigen Juden! . . .«[2]

Wie selbstverständlich und gradlinig der Volksgerichtshof diese Leitmotive in seiner »Rechtsprechung« realisiert hat, zeigen beispielhaft die folgenden Urteile. Zunächst das grundlegende Urteil über die – nach Auffassung des Gerichts – bei Juden gar nicht mögliche Aberkennung der bürgerlichen Ehrenrechte, mit einer Begründung, die in kaum zu überbietender Weise, unter Vermischung von formal-juristischer Logik und »gesundem Volksempfinden«, nicht vom Willen zum Recht, sondern vom Willen zur Vernichtung zeugt. Die Todesstrafen für geringfügigste Vergehen von »Untermenschen« sind deshalb auch keine mehr oder weniger zufälligen Fehlleistungen, die auch der Justiz einmal passieren können, sondern makabre Schlußpunkte einer bewußt pervertierten Rechtsordnung.

Niemandem kann etwas genommen werden, was er nicht hat

(Urteil des Volksgerichtshofs vom 18. 3. 1942 über die Aberkennung der bürgerlichen Ehrenrechte gegenüber Juden)[3]

»Von der von der Anklagebehörde beantragten Aberkennung der bürgerlichen Ehrenrechte hat der Senat aus folgenden Gründen abgesehen:
Der angeklagte Protektoratsangehörige S. ist Volljude im Sinne des Blutschutzgesetzes vom 15. September 1935 [Anhang Nr. 8, S. 146].
Die Aberkennung der bürgerlichen Ehrenrechte nach § 33 StGB [Anhang Nr. 6, S. 145], könnte nur dann einen Sinn und Zweck haben, wenn der Angeklagte die in § 34 unter Ziffer 1–6 aufgeführten Rechte tatsächlich

besitzen würde. Das ist aber bei einem Juden nicht der Fall: Der in § 34 Ziffer 1–4 StGB [Anhang Nr. 6, S. 145] bezeichneten Rechte ist ein Jude im nationalsozialistischen Großdeutschland und auch im Protektorat an sich schon nicht mehr teilhaftig. Auch als Zeuge bei der Aufnahme von Urkunden (§ 34 Ziffer 5 StGB) sowie als Vormund, Gegenvormund, Pfleger usw. (§ 34 Ziffer 6 StGB) wird ein Jude in Großdeutschland niemals herangezogen werden (es sei denn, was nicht interessiert, gegenüber seinen eigenen Rassegenossen). Die Aberkennung der bürgerlichen Ehrenrechte gegen einen Juden würde also nur die eine Folge haben, daß er ihm etwa zustehende Titel, Orden und Ehrenzeichen (§ 33 StGB) verlieren würde. Diese Folge aber auf dem Wege der Aberkennung der bürgerlichen Ehrenrechte durch ein Gerichtsurteil herbeizuführen, ist nach Ansicht des Senats nicht mehr angängig; die Entziehung von Titeln, Orden und Ehrenzeichen gegen einen zu Zuchthaus oder zum Tode verurteilten Juden muß vielmehr Sache der Verwaltungsbehörden sein. Hinzu kommt, daß die gerichtliche Aberkennung der bürgerlichen Ehrenrechte auf eine bestimmte Zeit zur Folge hat, daß der Verurteilte nach Ablauf dieser Zeit wieder in den Genuß der bürgerlichen Ehrenrechte kommt. Gegen einen Juden würde eine solche Entscheidung unverständlich und dem gesunden Volksempfinden völlig widersprechend sein, da er, wie erwähnt, diese bürgerlichen Ehrenrechte (mit der geringen Ausnahme des Besitzes ihm etwa zustehender Titel, Orden und Ehrenzeichen) auch vorher nicht besessen hat. Abgesehen davon aber, daß ein Jude die in §§ 34, 35 StGB aufgezählten äußeren Merkmale von bürgerlichen Ehrenrechten nicht besitzt, besitzt er nach der Überzeugung des ganzen deutschen Volkes überhaupt keine Ehre, insbesondere nicht die Ehre eines Bürgers des nationalsozialistischen Deutschen Reiches; denn diese setzt das Gefühl einer tiefen inneren Verbundenheit mit dem deutschen Volk und das Bewußtsein höchster Verpflichtung gegenüber der Volksgemeinschaft voraus. Ja, sie entsteht überhaupt erst aus dieser Einsatzbereitschaft für Führer und Volk. Ein Jude aber hat, wie die Vergangenheit gelehrt hat, am deutschen Volk kein anderes Interesse, als es nach Möglichkeit auszubeuten oder ihm im Rahmen seiner Kräfte Schaden zuzuführen. Diese Erkenntnis ist heute geistiges Allgemeingut nicht nur des deutschen Menschen, sondern findet eine immer mehr wachsende Anhängerschaft auch bei der Bevölkerung vieler anderer Völker für ihre Staaten. Unter diesen Umständen müssen Gerichtsurteile, die einem Juden die bürgerlichen Ehrenrechte absprechen und damit solche bei ihm voraussetzen, dem deutschen Volk unverständlich bleiben; weil niemandem etwas genommen werden kann, was er nicht hat.«

Fünf Mark sind todeswürdig

(Urteil des Volksgerichtshofs vom 14. 1. 1943)[4]

»Die Angeklagten *Smetana, Polak, Rosenfeld, Dr. Zuckermann* und *Adler* haben im Jahre 1941, und zwar mit Ausnahme des Angeklagten *Adler* auch noch nach Beginn des Krieges mit der Sowjetunion, Geld für die illegale KPC gespendet, um Böhmen und Mähren wieder vom Reich loszureißen. Sie werden deshalb wegen Vorbereitung zum Hochverrat und mit Ausnahme des Adler auch wegen Feindbegünstigung sämtlich
zum Tode
verurteilt.«

In den Gründen wurde ausgeführt, daß der Jude *Berger* in den Jahren 1941–1942 für die illegale KPC Geldsammlungen unter seinen Glaubensgenossen durchgeführt habe. Die Angeklagten hätten wissentlich für diesen Zweck insgesamt folgende Beträge gespendet:

a) *Smetana:* 300 Kronen,
  (Weitergabe von 500 Kronen des Juden Jelinek),
b) *Polak:* 300 Kronen,
c) *Rosenfeld:* 1000 Kronen,
d) *Zuckermann:* 50 Kronen,
e) *Adler:* 200 Kronen.

»Die Angeklagten *Smetana, Polak* und *Rosenfeld* haben ihr Tun nicht bestritten. Der Angeklagte Zuckermann behauptete, sein Geständnis vor dem Ermittlungsrichter sei fingiert und nur zu dem Zweck gemacht worden, um der von der Polizei angedrohten Verbringung in ein KZ zu entgehen. Das Gericht hat die gegenteilige Aussage des Zeugen *Berger* und das Geständnis des Angeklagten vor dem Ermittlungsrichter dem Urteil zugrunde gelegt. Die Verurteilung des Angeklagten Adler erfolgte aufgrund der Aussage des Zeugen *Berger*.«

Zur Rechtslage und zur Strafzumessung wurde folgendes ausgeführt:

»Die Angeklagten haben nach der Überzeugung des Senats als geistig regsame Männer die Ziele der KPC – Errichtung eines tschechoslowakischen Sowjetstaates unter Loslösung des böhmisch-mährischen Raumes vom Reich – gekannt. Soweit sie dies bestritten haben, konnten ihre aller Lebenserfahrung widersprechenden Behauptungen keinen Erfolg haben. Sie haben dadurch, daß sie die Bestrebungen der illegalen KPC durch

Geldspenden unterstützten, sich deren Ziele zu eigen gemacht und den organisatorischen Zusammenhalt der KPC gefördert. Da sie als Juden von dem Sieg der kommunistischen Partei eine Besserung ihrer eigenen Lage erwarteten, hatten sie an der Unterstützung der KPC ein eigenes starkes Interesse. Sie haben demnach als Mittäter Hochverrat in der Erschwernisform des § 83, III Ziffer 1 StGB vorbereitet. Zugleich haben *Smetana, Polak, Rosenfeld* und *Zuckermann*, die noch nach Ausbruch des Krieges mit der Sowjetunion Geldbeträge für die illegale KPC gespendet haben, den Feind, nämlich die Sowjetunion, begünstigt (§ 91 b StGB). Dies haben sie auch erkannt. Als intelligente Männer waren sie sich darüber im klaren, daß jede Unterstützung der illegalen KPC während des Krieges mit der Sowjetunion dieser Feindmacht Vorschub leistet.

Bei der Gefährlichkeit der kommunistischen Zersetzungsarbeit, die in Verbindung mit anderen marxistischen Wühlereien 1918 schon einmal das deutsche Volk um die Früchte seiner Siege gebracht hat, konnten irgend welche Milderungsgründe (§§ 84, 91 b Abs. 2 StGB) bei den Angeklagten nicht durchgreifen. Die Sicherheit des deutschen Volkes erfordert vielmehr die schwerste Strafe gegen die Angeklagten. Diese Strafe allein bildet auch die ausreichende Sühne für den hinterhältigen Angriff, den die Angeklagten als Juden in der Zeit schwersten Krieges gegen den Bestand des Reiches geführt haben. Der Senat hat deshalb alle Angeklagten zum Tode verurteilt. Da sie als Juden keine bürgerlichen Ehrenrechte besitzen, kam deren Aberkennung nicht in Frage. Die Kosten des Verfahrens haben die Angeklagten gemäß §§ 404, 405 StPO zu tragen.

gez. Dr. Koehler   Dr. Schreitmüller«

Das Todesurteil gegen *Smetana, Polak* und *Rosenfeld* wurde am 20. 5. 1943 vollstreckt (Protokoll vom gleichen Tage). Ob und wann die beiden anderen Verurteilten hingerichtet worden sind, ist aus den Akten nicht ersichtlich.

Die Angeklagten haben verschieden hohe Kronenbeträge an die damalige illegale KPC gespendet. Selbst wenn insoweit die Tatbestände der Vorbereitung zum Hochverrat und der Feindbegünstigung erfüllt gewesen wären, hätte in keinem Falle die Todesstrafe verhängt werden dürfen. Bedenkt man, daß damals etwa 10 Kronen einer Reichsmark entsprochen haben, so konnten den Angeklagten nicht sämtliche Milderungsgründe versagt bleiben, zumal sie selbst keine Kommunisten waren und auch nicht an den »kommunistischen Zersetzungsarbeiten« unmittelbar beteiligt waren. Auch in Kriegszeiten darf die Strafzumessung in ihrer Härte nicht jedes vernünftige Maß überschreiten. Zumindest die geringe Spende von 50 Kronen des Angeklagten *Dr. Zuckermann* hätte als unbedeutend im Sinne des § 91 b Abs. 2 Strafgesetzbuch gewertet werden müssen. Aber selbst die höchste Spende von 1000 Kronen des Angeklagten *Rosenfeld* konnte nicht als »todeswürdig« bezeichnet werden. Von einem »hinterhältigen Angriff, den die Angeklagten als Juden (!) in der Zeit schwersten Krieges gegen den Bestand des Reiches geführt haben«, durfte nicht ausgegangen werden.

Bei der Entscheidung stand im Vordergrund, daß die Angeklagten Juden waren: »*Da sie als Juden keine bürgerlichen Ehrenrechte besitzen, kam deren Aberkennung nicht in Frage.*« Verhängt wurde die aus politischen und rassistischen Gründen »notwendige« Strafe.

Die freimütige Verletzung der Menschenrechte steht im makabren Gegensatz zur Genauigkeit und Vorschriftentreue bei der Abrechnung der Kosten für die Vollstreckung eines Todesurteils – bis zum Porto von 12 Rpf. für die Übersendung der Kostenrechnung (siehe S. 73).

Genosse Kriegsgefangener

(Urteil des Volksgerichtshofs vom 24. 9. 1942 gegen den Polen Marcinkowski)[5]

Der Angeklagte wurde als Pole wegen Schädigung des Reichswohles in Verbindung mit Feindbegünstigung zum Tode verurteilt. Aus den Gründen des Urteils:

»In den Abendstunden des 3. November 1941 begegneten die entflohenen Kriegsgefangenen in Seedorf zwei angeheiterten Männern. Es waren dies der Angeklagte und sein Nachbar Szczukowski. Der Angeklagte rief die Kriegsgefangenen mit »Towaritsch«, dem russischen Ausdruck für »Genosse« an. Als die Kriegsgefangenen daraufhin stehen blieben, bedeutete ihnen der Angeklagte zu warten, ging weg und kam mit etwa 300 gr. Brot und etwa 125 gr. Kunsthonig zurück und gab es ihnen. Er zeigte ihnen auch eine Scheune, in der sie übernachten könnten. Die Scheune gehörte zu einer vom Angeklagten und seinem Vater verwalteten

Reichsanwaltschaft
beim Volksgerichtshof
– Staatsanwaltschaft –
Geschäftsnummer: 3 J 297/44

Kostenrechnung

in der Strafsache gegen . . . wegen Wehrkraftzersetzung

Lfd. Nr.	Gegenstand des Kostenansatzes und Hinweis auf die angewandte Vorschrift	Wert des Gegenstandes RM	Es sind zu zahlen RM Rpf.	
1	2	3	4	
	Gebühr für Todesstrafe . . .	300	–	
	Postgebühren gem. § 72 GKG . . .	2		70
	Geb. für den Rechtsanwalt . . .	81		60
	Haftkosten gem. § 72 GKG für die Unters.-Haft v. 20. 12. 43 bis 28. 3. 44 = 100 Tage à 1,50 . . .	150	–	
	für die Strafhaft v. 29. 3. 44 bis 18. 5. 44 = 50 Tage à 1,50 . . .	75	–	
	Kosten der Strafvollstreckung, Vollstreckung des Urteils . . .	158		18
	Hinzu Porto für Übersendung der Kostenrechnung . . .	–		12
		767		60

Landwirtschaft. Die Kriegsgefangenen brachten dann in dieser Scheune mehrere Tage und Nächte zu.
Am Abend des übernächsten Tages kamen die Kriegsgefangenen zufällig in die Nähe des Hauses, in dem der Angeklagte wohnte und trafen dort den Angeklagten wieder. Er lud sie ins Haus ein, bewirtete sie mit Kaffee, Brot, Milch und Kunsthonig und gab ihnen Butterbrote auf den Weg mit. Das Essen reichte eine in der Wohnung anwesende alte Frau. Nachdem die

Gefangenen gegessen hatten, ließ sie der Angeklagte zum Fenster hinaus mit der Begründung, daß im Nebenzimmer jemand schlafe, der sie nicht sehen sollte. Er gab ihnen noch den Rat, vorsichtig zu sein und darauf zu achten, daß sie in kein Haus gerieten, in dem Deutsche wohnen ...
Die Polenstrafrechtsverfolgung [Anhang Nr. 9, S. 147] war zwar zur Zeit der Straftat des Angeklagten noch nicht in Geltung. Nach Art. I der Verordnung zur Ergänzung der Polenstrafrechtsverordnung vom 31. Januar 1942 können jedoch die Abschnitte I und III der VO vom 4. Dezember 1941 mit Zustimmung des Staatsanwalts auch auf Taten angewendet werden, die vor dem Inkrafttreten der Verordnung begangen worden sind. Der Oberstaatsanwalt beim Volksgerichtshof hat seine Zustimmung zur rückwirkenden Anwendung der VO erteilt. Der Senat hat sich zur rückwirkenden Anwendung der Polenstrafrechtsverordnung deswegen entschlossen, weil auch schon vor deren Inkrafttreten für Polen allgemein die Verpflichtung bestanden hat, sich jeder Schädigung des Reichswohls zu enthalten. Durch die Polenstrafrechtsverordnung ist dieser Grundgedanke bloß erneut und in allgemein verbindlicher Form festgelegt worden ...
Gemäß § 73 StGB ist für den Angeklagten Marcinkowski die Strafe aus Abschnitt I Abs. 3 der Polenstrafrechtsverordnung zu entnehmen, denn diese Bestimmung droht gegenüber § 91 b StGB [Anhang Nr. 4, S. 143] die schwerere Strafe an. Demgemäß ist im Regelfalle auf die Todesstrafe zu erkennen, bloß in minder schweren Fällen kann auf eine Freiheitsstrafe erkannt werden. Es ist zwar durch das Verhalten des Angeklagten, soweit festgestellt, für das Deutsche Reich und das deutsche Volk ein sichtbarer Nachteil nicht eingetreten. Trotzdem aber kann die Tat des Angeklagten nicht als minder schwerer Fall angesehen werden ...
In den Ostgebieten befinden sich zahlreiche Kriegsgefangenenlager, es werden durch sie notwendigerweise fortgesetzt Transporte von sowjetischen Kriegsgefangenen geführt. Die Landschaft des Ostens mit ihren weiten Räumen und ihrer spärlichen Besiedlung begünstigt das Verstecken geflohener Kriegsgefangener. Es müssen daher, wenn die ortsansässige polnische Bevölkerung entflohenen Kriegsgefangenen Vorschub leistet, ernste Gefahren für das Reich heraufbeschworen werden. Es muß daher erreicht werden, daß die polnische Bevölkerung jedes Auftauchen eines Kriegsgefangenen sofort den zuständigen deutschen Behörden zur Kenntnis bringt, und nicht etwa, wie im vorliegenden Falle, die Flüchtlinge unterstützt. Wenn sich Polen unterfangen, trotz der bekanntgemachten Verbote den geflohenen Kriegsgefangenen Vorschub leisten, so kann von einem minder schweren Fall im Sinne der Polenstrafrechtsverordnung wegen der für das Reich drohenden Gefahren keine Rede sein. Solche

Bestrebungen müssen mit aller Schärfe des Gesetzes unterdrückt werden. Dies ist um so mehr geboten, weil die Polen noch immer in ihrer Mehrzahl deutsch-feindlich eingestellt und deshalb allzu bereit sind, dem Reiche zu schaden, wo es irgend möglich ist. Die Strafe muß daher nicht nur die schwere Schuld des Angeklagten Marcinkowski sühnen, sondern auch für alle übrigen Polen eine Abschreckung vor ähnlichem Verhalten sein. Der Senat hat daher auf Todesstrafe erkannt.

gez. . . . gez. Dr. Zmeck*«

Der Angeklagte hat zwei entflohene russische Kriegsgefangene an mehreren Tagen mit Nahrung versorgt und sie in seiner Scheune schlafen lassen. Auch wenn man berücksichtigt, daß in Kriegszeiten eine harte Strafzumessung üblich und angebracht sein kann, so darf die Strafe im Verhältnis zur Tat doch nicht jedes vernünftige Maß übersteigen. Dies ist hier aber geschehen, denn letztlich ist die Flucht der Kriegsgefangenen mißlungen und – nach den Ausführungen im Urteil – ein sichtbarer Nachteil für das Deutsche Reich überhaupt nicht eingetreten. Eine Milderung der Strafe hätte nach § 91 b Abs. 2 Strafgesetzbuch (Zuchthaus nicht unter zwei Jahren, wenn die Tat nur einen unbedeutenden Nachteil für das Deutsche Reich und nur einen unbedeu-

---

* *Dr. Alfred Zmeck*, geb. am 27. 2. 1899 in Wien, nahm als Österreicher am ersten Weltkrieg teil. Nach dem Zusammenbruch der Donaumonarchie wurde er tschechoslowakischer Staatsangehöriger. Er studierte in Prag Rechtswissenschaft, legte die erforderlichen Prüfungen ab und wurde zunächst Anwalt. 1939 wurde er in den deutschen Justizdienst übernommen. Ab 8. 1. 1941 war er Ermittlungsrichter des Volksgerichtshofs mit dem Dienstort Nürnberg und am 1. 11. 1941 wurde er zum Hilfsrichter am Volksgerichtshof bestellt. Obwohl sich Freisler noch am 12. 3. 1945 nachdrücklich für seine Beförderung einsetzte und Dr. Zmeck »zu den besten, fleißigsten und zuverlässigsten Mitarbeitern zählte«, erfolgte diese nicht mehr.
Politisch gehörte *Dr. Zmeck* von 1918 bis 1930 der deutschen Nationalpartei an und ab 1. 11. 1939 der NSDAP. Nach dem Zusammenbruch wurde er vom außerordentlichen Volksgericht Budweis (CSSR) zu 20 Jahren Zwangsarbeit verurteilt. Seine Familie erhielt in der Bundesrepublik Versorgungsbezüge nach dem Gesetz zu Art. 131 des Grundgesetzes. 1955 wurde er aus der Zwangsarbeit entlassen und erhielt seitdem Übergangsgehalt.
Mit Bescheid vom 18. 7. 1961 stellte die zuständige Verwaltungsbehörde die Versorgungsbezüge ein, weil *Dr. Zmeck* durch seine Mitwirkung an zahlreichen rechtswidrigen Todesurteilen gegen die Grundsätze der Menschlichkeit und Rechtsstaatlichkeit verstoßen habe. Sämtliche Rechtsmittel blieben erfolglos. Es ist nicht bekannt, daß gegen *Dr. Zmeck* in der Bundesrepublik *strafrechtlich* etwas unternommen wurde.[6]

tenden Vorteil für die feindliche Macht herbeigeführt hat; siehe Anhang Nr. 4, S. 143) und auch nach Abschnitt I Abs. 3 der VO über die Strafrechtspflege gegen Polen und Juden in den eingegliederten Ostgebieten vom 4. 12. 1941 – Polenstrafrechtsverordnung (siehe Anhang Nr. 9, S. 147) – erfolgen können und müssen. In »minder schweren Fällen« konnten nach dieser Verordnung Freiheitsstrafen verhängt werden. Eine solche wäre im vorliegenden Falle wegen der geringfügigen »Gefährdung des Wohls des Deutschen Volkes« allenfalls gerechtfertigt gewesen.[7]

Widerstand

> »Es gibt für alle äußere Legalität eine letzte Grenze, wo sie unwahrhaftig und unsittlich wird. Dann nämlich, wenn sie zum Deckmantel einer Feigheit wird, die sich nicht getraut, gegen offenkundige Rechtsverletzungen aufzutreten. Ein Staat, der jegliche freie Meinungsäußerung unterbindet und jede, aber auch jede sittlich berechtigte Kritik, jeden Verbesserungsvorschlag als ›Vorbereitung zum Hochverrat‹ unter die furchtbarsten Strafen stellt, bricht ein ungeschriebenes Recht, das ›im gesunden Volksempfinden‹ noch immer lebendig war und lebendig bleiben muß ...«
>
> *Professor Kurt Huber* in seinem Schlußwort vor dem Volksgerichtshof am 19. April 1943

Stalingrad und El Alamein – das waren für viele im Jahre 1942 die militärischen Wendepunkte!
Im Führerhauptquartier »Werwolf« in der Ukraine versuchte Generalstabschef *Halder* im Juli 1942, *Hitler* klarzumachen, daß er seine Kräfte konzentrieren müsse, um nicht von Rußland besiegt zu werden. Hitler war erregt und ging »mit Schaum in den Mundwinkeln und mit geballten Fäusten auf den Vortragenden los und verbat sich ein solches idiotisches Geschwätz.«
Halder schrieb nach dem Kriege hierüber:

> »Diese Feldherrnentschlüsse haben mit den durch Generationen anerkannten Grundsätzen von Strategie und Operation nichts mehr gemein. Sie sind Ausflüsse einer Augenblickseingebung folgenden Gewaltnatur, die keine Grenzen des Möglichen anerkennt und ihre Wunschträume zum Gesetz des Handelns macht.«

Halder nannte es auch »die pathologische Überschätzung der eigenen Kraft und die verbrecherische Unterschätzung der des Gegners.«[1]
Die deutsche Wehrmacht stand zu dieser Zeit auch in Nordafrika vor ähnlichen Entscheidungen. *Hitler* telegrafierte am 3. November 1942 an Generalfeldmarschall *Rommel:*

> »... In der Lage, in der Sie sich befinden, kann es keinen anderen Gedanken geben als auszuharren, keinen Schritt zu weichen und jede Waffe und jeden Kämpfer in die Schlacht zu werfen. Ihrer Truppe können Sie keinen anderen Weg zeigen als den zum Siege oder zum Tode. Adolf Hitler.«[2]

Rommel wußte zunächst nicht, was er tun sollte.
Er entschloß sich zu gehorchen, »weil ich selbst immer wieder unbedingten Gehorsam verlangt hatte und mich infolgedessen auch für meine Person diesem Prinzip unterordnen wollte.« Später dachte er anders darüber, wie seine Tagebuchnotizen zeigen. Durch einen Kurier versuchte er noch – aber vergeblich – *Hitler* klarzumachen, »daß alles verloren sei, wenn er seinen Befehl nicht zurücknehme.«[3] *Halder* wurde entlassen, *Rommel* kämpfte. *Hitlers* militärischer Dilettantismus setzte sich durch – das Ende war nun vorgezeichnet.

Die *Weiße Rose:* »Ein neuer Befreiungskrieg bricht an«

In der Heimat wuchs der Mut zu Protest und Widerstand, nicht zuletzt bei der Jugend. Schon 1941 hörten Hamburger Lehrlinge deutschsprachige Sendungen des Londoner Rundfunks und verteilten Flugschriften, die Beschimpfungen *Hitlers*, Aufforderungen zu seinem Sturz und pessimistische Berichte über die Kriegslage enthielten.

Die scharfe Reaktion der Getroffenen blieb nicht aus: In der Verhandlung vom 11. August 1942 verurteilte der Volksgerichtshof den jugendlichen Hauptangeklagten zum Tode und zu dauerndem Ehrverlust. Das Urteil gegen den damals 17jährigen Lehrling wurde auch vollstreckt.[4]

Besonderes Aufsehen erregten die Flugblattaktionen der Studenten *Hans* und *Sophie Scholl* in München. Zusammen mit Freunden an der Universität und dem fast 50jährigen Philosophieprofessor *Kurt Huber* versuchten sie unter dem Decknamen »Weiße Rose«[5] gegen die nationalsozialistische Diktatur öffentlich zu protestieren. Neben vielen anderen Flugblatt- und Plakataktionen verteilten sie zuletzt am 18. Februar 1943 in der Universität München 1500 bis 1800 Flugblätter[6]:

> »Nichts ist eines Kulturvolkes unwürdiger, als sich ohne Widerstand von einer verantwortungslosen und dunklen Trieben ergebenen Herrscherclique »regieren« zu lassen. Ist es nicht so, daß sich jeder ehrliche Deutsche heute seiner Regierung schämt, und wer von uns ahnt das Ausmaß der Schmach, die über uns und unsere Kinder kommen wird, wenn einst der Schleier von unseren Augen gefallen ist und die grauenvollsten und jegliches Maß unendlich überschreitenden Verbrechen ans Tageslicht treten? Wenn das deutsche Volk

schon so in seinem tiefsten Westen korrumpiert und zerfallen ist, daß es, ohne eine Hand zu regen, im leichtsinnigen Vertrauen auf eine fragwürdige Gesetzmäßigkeit der Geschichte das Höchste, das ein Mensch besitzt und das ihn über jede andere Kreatur erhöht, nämlich den freien Willen, preisgibt, die Freiheit des Menschen preisgibt, selbst mit einzugreifen in das Rad der Geschichte und es seiner vernünftigen Entscheidung unterzuordnen – wenn die Deutschen, so jeder Individualität bar, schon so sehr zur geistlosen und feigen Masse geworden sind, dann, ja dann verdienen sie den Untergang. Goethe spricht von den Deutschen als einem tragischen Volke, gleich dem der Juden und Griechen, aber heute hat es eher den Anschein, als sei es eine seichte, willenlose Herde von Mitläufern, denen das Mark aus dem Innersten gesogen und die nun ihres Kernes beraubt, bereit sind, sich in den Untergang hetzen zu lassen. Es scheint so – aber es ist nicht so; vielmehr hat man in langsamer, trügerischer, systematischer Vergewaltigung jeden einzelnen in ein geistiges Gefängnis gesteckt, und erst als er darin gefesselt lag, wurde er sich des Verhängnisses bewußt. Wenige nur erkannten das drohende Verderben, und der Lohn für ihr heroisches Mahnen war der Tod.

Alles darf dem Besten des Staates zum Opfer gebracht werden, nur dasjenige nicht, dem der Staat selbst nur als ein Mittel dient. Der Staat selbst ist niemals Zweck, er ist nur wichtig als eine Bedingung, unter welcher der Zweck der Menschheit erfüllt werden kann, und dieser Zweck der Menschheit ist kein anderer als Ausbildung aller Kräfte des Menschen, Fortschreitung. Hindert eine Staatsverfassung, daß alle Kräfte, die im Menschen liegen, sich entwickeln; hindert sie die Fortschreitung des Geistes, so ist sie verwerflich und schädlich, sie mag übrigens noch so durchdacht und in ihrer Art noch so vollkommen sein. Ihre Dauerhaftigkeit selbst gereicht ihr alsdann viel mehr zum Vorwurf als zum Ruhme – sie ist dann nur ein verlängertes Übel; je länger sie Bestand hat, um so schädlicher ist sie.

Unser heutiger »Staat« ist die Diktatur des Bösen. »Das wissen wir schon lange«, höre ich Dich einwenden, »und wir haben es nicht nötig, daß uns dies hier noch einmal vorgehalten wird«. Aber, frage ich Dich, wenn Ihr das wißt, warum regt Ihr Euch nicht, warum duldet Ihr, daß diese Gewalthaber Schritt für Schritt offen und im verborgenen eine Domäne Eures Rechts nach der anderen rauben, bis eines Tages nichts, aber auch gar nichts übrigbleiben wird als ein mechanisiertes Staatsgetriebe, kommandiert von Verbrechern und Säufern? Ist Euer Geist schon so sehr der Vergewaltigung unterlegen, daß Ihr vergeßt, daß es nicht nur Euer Recht, sondern Eure sittliche Pflicht ist, dieses System zu beseitigen? Wenn aber ein Mensch nicht mehr die Kraft aufbringt, sein Recht zu fordern, dann muß er mit absoluter Notwendigkeit untergehen. Wir würden es verdienen, in alle Welt verstreut zu werden wie der Staub vor dem Winde, wenn wir uns in dieser zwölften Stunde nicht aufrafften und endlich den Mut aufbrächten, der uns seither gefehlt hat. Verbergt nicht Eure Feigheit unter dem Mantel der Klugheit. Denn mit jedem Tag, da Ihr noch zögert, da Ihr dieser Ausgeburt der Hölle nicht widersteht, wächst Eure Schuld gleich einer parabolischen Kurve höher und immer höher.

Wir weisen ausdrücklich darauf hin, daß die Weiße Rose nicht im Solde einer ausländischen Macht steht. Obgleich wir wissen, daß die nationalsozialistische Macht militärisch gebrochen werden muß, suchen wir eine Erneuerung des schwerverwundeten deutschen Geistes von innen her zu erreichen. Dieser Wiedergeburt muß aber die klare Erkenntnis aller Schuld, die das deutsche Volk auf sich geladen hat, und ein rücksichtsloser Kampf gegen Hitler und seine allzuvielen Helfershelfer, Parteimitglieder, Quislinge usw. vorausgehen. Mit aller Brutalität muß die Kluft zwischen dem besseren Teil des Volkes und allem, was mit dem Nationalsozialismus zusammenhängt, aufgerissen werden. Für Hitler und seine Anhänger gibt es auf dieser Erde keine Strafe, die ihren Taten gerecht wäre. Aber aus Liebe zu kommenden Generationen muß nach Beendigung des Krieges ein Exempel statuiert werden, daß niemand auch nur die geringste Lust je verspüren sollte, ähnliches aufs neue zu versuchen. Vergeßt auch nicht die kleinen Schurken dieses Systems, merkt Euch die Namen, auf daß keiner entkomme! Es soll ihnen nicht gelingen, in letzter Minute noch nach diesen Scheußlichkeiten die Fahne zu wechseln und so zu tun, als ob nichts gewesen wäre!

Mit mathematischer Sicherheit führt Hitler das deutsche Volk in den Abgrund. Hitler kann den Krieg nicht gewinnen, nur noch verlängern! Seine und seiner Helfer Schuld hat jedes Maß unendlich überschritten. Die gerechte Strafe rückt näher und näher!

Was aber tut das deutsche Volk? Es sieht nicht und es hört nicht. Blindlings folgt es seinen Verführern ins Verderben. Sieg um jeden Preis! haben sie auf ihre Fahne geschrieben. Ich kämpfe bis zum letzten Mann, sagt Hitler – indes ist der Krieg bereits verloren.

Deutsche! Wollt Ihr und Eure Kinder dasselbe Schicksal erleiden, das den Juden widerfahren ist? Wollt Ihr mit dem gleichen Maß gemessen werden wie Eure Verführer? Sollen wir auf ewig das von aller Welt gehaßte und ausgestoßene Volk sein? Nein! Darum trennt Euch von dem nationalsozialistischen Untermenschtum! Beweist durch die Tat, daß Ihr anders denkt! Ein neuer Befreiungskrieg bricht an. Der bessere Teil des Volkes kämpft auf unserer Seite. Zerreißt den Mantel der Gleichgültigkeit, den Ihr um Euer Herz gelegt!

Entscheidet Euch, ehe es zu spät ist!«

Und aus dem letzten Flugblatt, das am Tage der Verhaftung verteilt wurde:

»Erschüttert steht unser Volk vor dem Untergang der Männer von Stalingrad. Dreihundertdreißigtausend deutsche Männer hat die geniale Strategie des Weltkriegsgefreiten sinn- und verantwortungslos in Tod und Verderben gehetzt. Führer, wir danken dir!

Es gärt im deutschen Volk: Wollen wir weiter einem Dilettanten das Schicksal unserer Armeen anvertrauen? Wollen wir den niedrigsten Machtinstinkten einer Parteiclique den Rest unserer deutschen Jugend opfern? Nimmermehr! Der Tag der Abrechnung ist gekommen, der Abrechnung der deutschen Jugend mit der verabscheuungswürdigsten Tyrannis, die unser Volk je erduldet hat. Im Namen des ganzen deutschen Volkes fordern wir vom Staat Adolf Hitlers die persönliche Freiheit, das kostbarste Gut der Deutschen zurück, um das er uns in der erbärmlichsten Weise betrogen.

Freiheit und Ehre! Zehn lange Jahre haben Hitler und seine Genossen die beiden herrlichen deutschen Worte bis zum Ekel ausgequetscht, abgedroschen, verdreht, wie es nur Dilettanten vermögen, die die höchsten Werte einer Nation vor die Säue werfen.

Was ihnen Freiheit und Ehre gilt, das haben sie in zehn Jahren der Zerstörung aller materiellen und geistigen Freiheit, aller sittlichen Substanz im deutschen Volk genugsam gezeigt. Auch dem dümmsten Deutschen hat das furchtbare Blutbad die Augen geöffnet, das sie im Namen von Freiheit und Ehre der deutschen Nation in ganz Europa angerichtet haben und täglich neu anrichten. Der deutsche Name bleibt für immer geschändet, wenn nicht die deutsche Jugend endlich aufsteht, rächt und sühnt zugleich, ihre Peiniger zerschmettert und ein neues geistiges Europa aufrichtet. Studentinnen! Studenten! Auf uns sieht das deutsche Volk! Von uns erwartet es, wie 1813 die Brechung des Napoleonischen, so 1943 die Brechung des nationalsozialistischen Terrors aus der Macht des Geistes. Beresina und Stalingrad flammen im Osten auf, die Toten von Stalingrad beschwören uns!«

Urteil: Verletzung der Treuepflicht zum Führer

(Die Verurteilung der Mitglieder der *Weißen Rose* durch den Volksgerichtshof am 22. 2. 1943 und 19. 4. 1943)[7]

So reagierten die Geheime Staatspolizei und der Volksgerichtshof:

Verhaftung durch die Geheime Staatspolizei am 18. Februar 1943;
Zustellung der Anklageschrift am Sonntag (!) den 22. Februar mit der Mitteilung, daß die Hauptverhandlung am folgenden Tage stattfindet;
Hauptverhandlung am 22. Februar vor dem extra von Berlin nach München geeilten Volksgerichtshof unter dem Vorsitz von *Freisler*;
Todesurteil und Vollstreckung noch am gleichen Tage!
Neben den Geschwistern *Scholl* wurde am 22. Februar noch der Student *Probst* zum Tode verurteilt. Gegen Professor *Huber* und zwei weitere Studenten erging das Todesurteil am 19. April 1943.[8]
An diesen Verfahren wird besonders deutlich, wie wenig der Volksgerichtshof Recht sprechen, sondern nur die Gegner des Nationalsozialismus vernichten wollte.
Noch nicht einmal die äußeren Formen des Rechts wurden eingehalten; denn hierzu gehört ein Minimum an strafprozessualer Ordnung. Die Eile und Hektik des Verfahrens vor dem obersten deutschen Gerichtshof ist dafür bezeichnend. Die Angeklagten, denen schwächliche Pflichtverteidiger zugeordnet wurden, mit denen sie nur einmal ganz kurz reden konnten, hatten praktisch keine Zeit zur Vorbereitung der Hauptverhandlung und ihrer Verteidigung. Selbst für ein Gnadenverfahren – das auch in Diktaturen nicht völlig unbekannt ist – war kein Raum mehr, nachdem das Urteil noch am gleichen Tag vollstreckt wurde.
Das Todesurteil gegen den Angeklagten *Hans Scholl,* das von *Freisler* verfaßt wurde, hat im wesentlichen folgenden Wortlaut:

»Der Angeklagte Hans Scholl hat seit Frühjahr 1939 Medizin studiert und steht – dank der Fürsorge der nationalsozialistischen Regierung – im achten Semester! Zwischendurch war er im Frankreichfeldzug in einem Feldlazarett und von Juli bis November 1942 an der Ostfront im Sanitätsdienst tätig. Als Student hat er die Pflicht vorbildlicher Gemeinschaftsarbeit. Als Soldat – er ist als solcher zum Studium kommandiert – hat er eine besondere Treuepflicht zum Führer. Das und die Fürsorge, die gerade ihm das Reich angedeihen ließ, hat ihn nicht gehindert, in der ersten Sommerhälfte 1942 Flugblätter der »Weißen Rose« zu verfassen, zu vervielfältigen und zu verbreiten, die defätistisch Deutschlands Niederlage voraussagen, zum passiven Widerstand der Sabotage in Rüstungsbetrieben und überhaupt bei jeder Gelegenheit auffordern, um dem deutschen Volk seine nationalsozialistische Lebensart und also auch Regierung zu nehmen. Das, weil er sich einbildete, daß nur so das deutsche Volk durch den Krieg durchkommen könne!

Von Rußland im November 1942 zurückgekehrt, forderte Scholl seinen Freund, den Mitangeklagten Probst auf, ihm ein Manuskript zu liefern, das dem deutschen Volk die Augen öffne! Einen Flugblattentwurf wie gewünscht lieferte Probst dem Scholl auch tatsächlich Ende 1942.

In Gesprächen mit seiner Schwester Sophie Scholl entschlossen sich beide, Flugblattpropaganda im Sinne einer Arbeit gegen den Krieg und für ein Zusammengehen mit den feindlichen Plutokratien gegen den Nationalsozialismus zu treiben. Die beiden Geschwister, die ihre Studentenzimmer bei derselben Vermieterin hatten, verfaßten gemeinsam ein Flugblatt »An alle Deutschen«.

In ihm wird Deutschlands Niederlage im Krieg vorausgesagt; der Befreiungskrieg gegen das »nationalsozialistische Untermenschentum« angesagt und werden Forderungen im Sinne liberaler Formaldemokratie aufgestellt. Außerdem verfaßten die Geschwister ein Flugblatt »Deutsche Studentinnen und Studenten« (in späteren Auflagen »Kommilitoninnen und Kommilitonen«). Sie sagen der Partei den Kampf an, der Tag der Abrechnung sei gekommen, und scheuen sich nicht, ihren Aufruf zum Kampf gegen den Führer und die nationalsozialistische Lebensart unseres Volkes mit dem Freiheitskampf gegen Napoleon (1813) zu vergleichen und auf ihn das Soldatenlied »Frisch auf, mein Volk, die Flammenzeichen rauchen« anzuwenden!!

Die Flugblätter haben die Angeklagten Scholl teilweise mit Hilfe eines Freundes, des Medizinstudenten Schmorell, vervielfältigt und in allseitigem Einvernehmen verbreitet:

1. Schmorell fuhr nach Salzburg, Linz, Wien und warf dort 200, 200, 1200 adressierte Flugblätter für diese Städte und in Wien außerdem 400 für Frankfurt am Main in Briefkästen. 2. Sophie Scholl warf in Augsburg 200 und ein andermal in Stuttgart 600 in Postbriefkästen.

3. Nachts streute Hans Scholl zusammen mit Schmorell Tausende in Münchner Straßen aus.

4. Am 18. Februar legten die Geschwister Scholl 1500 bis 1800 in der Münchner Universität in Päckchen ab, und Sophie Scholl warf einen Haufen vom 2. Stock in den Lichthof.

Hans Scholl und Schmorell haben auch am 3., 8. (?) und 15. 2. 1943 nachts an vielen Stellen Münchens, so vor allem auch an der Universität,

Schmieraktionen mit den Inschriften »Nieder mit Hitler«, »Hitler der Massenmörder«, »Freiheit« durchgeführt. Nach der ersten Aktion erfuhr das Sophie Scholl, war damit einverstanden und bat – freilich vergeblich –, künftig mitmachen zu dürfen!
Die Auslagen – im ganzen ungefähr 1000 Mark – haben die Angeklagten selbst bestritten.
... Wenn solches Handeln anders als mit dem Tode bestraft würde, wäre der Anfang einer Entwicklungskette gebildet, deren Ende einst: 1918 war. Deshalb gab es für den Volksgerichtshof zum Schutze des kämpfenden Volkes und Reiches nur eine gerechte Strafe, die Todesstrafe. Der Volksgerichtshof weiß sich darin mit unseren Soldaten einig!
Durch ihren Verrat an unserem Volk haben die Angeklagten ihre Bürgerehre für immer verwirkt ...«[9]

Robert Havemanns »Europäische Union«

Andere »dekadente Intellektualisten, die sich in den feigen Defaitismus hineinlebten, Deutschland verliere den Krieg«, gründeten am 15. Juli 1943 die »Europäische Union«. Unter ihnen war der Chemiker *Dr. phil. habil. Robert Hans Günter Havemann*, geb. am 11. März 1910 in München. Er trat 1932 in Berlin der KPD bei.
Die wesentlichen Gedanken, Vorstellungen und Aktivitäten dieser Gruppe können einem Aufruf an die Mitarbeiter der »Europäischen Union« und an alle Antifaschisten vom 28. Juli 1943 entnommen werden:
»Wir stehen am Vorabend des Zusammenbruchs des europäischen Faschismus, der mit brutaler Gewalt alle geistigen und revolutionären Organisationen und Bestrebungen vernichtet hat. Die Faschisten, die mehr als ein Jahrzehnt in Deutschland wüteten, haben jetzt auch in sämtlichen Ländern Europas alle freiheitlichen Organisationen zerschlagen, die dem Wahnsinn Einhalt zu gebieten suchten. Die Faschisten glaubten, hiermit nicht nur ihre Gegner von heute, sondern auch die Führer von morgen vernichtet zu haben. Hierauf gründet sich die Nazi-These vom Chaos nach dem Untergang.
Diese furchtbare Drohung und die skrupellose Bereitschaft, nicht eher abzutreten, bis Europa in Schutt und Asche versunken ist, wirkt wie eine krankhafte Drohung auf die Massen Europas. Zwar hat Hitler unzählige der Besten, der mutigsten politischen Kämpfer, in die Konzentrationslager geworfen, zwar hat er alle politischen

Organisationen zerschlagen und jeden neuen Versuch bereits im Keim zu ersticken gesucht. Doch eines ist ihm nicht gelungen: Er konnte die alten und ewigen freiheitlichen Ideen, die in Europa in den großen Revolutionen geboren wurden, nicht vernichten. Die Zahl derer, die der Gestapo entgangen sind, scheint vielen gering zu sein, doch es sind mehr geschulte Kämpfer als Hitler ahnt. Und diese Revolutionäre waren nicht untätig ...

Die Durchmischung aller europäischen Völker, die Hitler durchführen mußte, um seine Kriegsproduktion zu erhöhen, hat die Möglichkeit eines europäischen Zusammenschlusses geschaffen. Die E.U. wird die größte revolutionäre Organisation der Überlebenden des faschistischen Massenmordes in Europa sein. Sie wird die Einheitsbewegung aller fortschrittlichen Kräfte gegen Faschismus und Separatismus sein. Sie ist europäisch, sozialistisch und revolutionär. Sie wird dem Faschismus den Todesstoß versetzen und Europa den Frieden bringen.

Unser Ziel ist: sozialistische Wirtschaft, Freiheit des Individuums und soziale Gerechtigkeit. Diese Ziele stellen heute eine unumgängliche historische Notwendigkeit dar, denn sie allein ermöglichen das Fortbestehen und die Weiterentwicklung der europäischen Kultur. Die neue Gesellschaftsordnung kann nur sozialistisch sein! Denn der kapitalistische Wirtschaftsimperialismus liefert die furchtbarsten Machtmittel der Menschenvernichtung eigensüchtigen Interessengruppen aus. Jedes Fortbestehen des Kapitalismus in Europa wird neue Hitler zur Macht bringen, die die Arbeitskraft der modernen Industrieproduktion wieder ihren machtpolitischen Zielen dienstbar machen werden. Ein Weiterbestehen des Kapitalismus und Nationalismus in Europa bedeutet mit Sicherheit einen dritten imperialistischen Weltkrieg. Die Bildung der nötigen Koalitionen, die Schaffung der Fronten und die ideologische Aufwiegelung der Massen ist ihnen noch immer gelungen. Nur der Sozialismus kann die gewaltigen Produktivkräfte der modernen Technik so zur Entfaltung bringen, daß alle Menschen in Europa frei von Sorge und Not leben können ...

Aus allen Schichten der Bevölkerung gewinnen wir neue Mitarbeiter. Doch haltet euch zurück vor leichtfertiger Preisgabe des Wissens um unsere Tätigkeit der E.U. Doch rechnet immer damit und richtet alle Eure Handlungen und Schritte nach den Prinzipien der Konspiration. Die wichtigsten Aufgaben der Mitarbeiter der E.U. sind heute: 1. Gewinnung neuer Mitarbeiter, 2. Errichtung von Depots, 3. Durchleitung von getarnten Stichwortnachrichten mit mündlicher Erläuterung, 4. Vorbereitung des Schnellverkehrs der Aktionszellen, 5. Errichtung von Stützpunkten in weiteren lebenswichtigen Betrieben, 6. Errichtung neuer Stützpunkte in der Wehrmacht, die von den alten vollkommen unabhängig sind. Wir müssen uns auf diese vorbereitenden Aufgaben beschränken. Das Zeichen zur Eröffnung der Massenpropaganda wird rechtzeitig gegeben werden. Äußerste Vorsicht ist aus konspirativen Gründen geboten bei der Aufnahme von Verbindungen zu anderen antifaschistischen Gruppen. Diese wichtige und gefährliche Arbeit darf nur von ausgesuchten und tadellos abgeschirmten Mitarbeitern durchgeführt werden. Das Geheimnis der Unverwundbarkeit der Organisation der E.U. darf niemals preisgegeben werden.«[10]

Der Zugriff der Geheimen Staatspolizei ließ jedoch nicht lange auf sich warten und schon am 16. Dezember verkündete der Volksgerichtshof die Todesurteile:

Urteil: Dekadente Intellektualisten und feige Defaitisten

(Urteil des Volksgerichtshofs vom 16. 12. 1943 gegen *Robert Havemann, Georg Groscurth, Herbert Arnim Richter* und *Paul Otto Rentsch*)[11]

»Im Namen des deutschen Volkes
In der Strafsache gegen
1. den Chemiker Dr. phil. habil. Robert Hans Günter Havemann, geboren am 11. März 1910 in München,
2. den Oberarzt Dr. med. habil. Georg Groscurth, geboren am 27. Dezember 1904 in Unterhaun, Bez. Kassel [†],
3. den Architekten Herbert Arnim Richter, geboren am 5. August 1901 in Halle a./Saale [†],
4. den Dentisten Paul Otto Rentsch, geboren am 29. September 1898 in Rothenburg [†],

sämtlich aus Berlin, zur Zeit in dieser Sache in gerichtlicher Untersuchungshaft, wegen Vorbereitung zum Hochverrat u. a.,

hat der Volksgerichtshof, 1. Senat, auf die am 13. 12. 1943 beim Volksgerichtshof eingegangene Anklageschrift des Oberreichsanwalts vom 20. 11. 1943,

aufgrund der Hauptverhandlungen vom 15./16. Dezember 1943, an welchen teilgenommen haben,

als Richter:
Präsident des Volksgerichtshofs Dr. Freisler, Vorsitzender,

Kammergerichtsrat Rehse,
NSKK-Obergruppenführer Offermann,
Gauhauptstellenleiter Ahmels,
Kreisleiter Reinecke,
als Vertreter des Oberreichsanwalts:
Amtsgerichtsrat Stark,
für Recht erkannt:

Robert Havemann, Georg Groscurth, Herbert Richter und Paul Rentsch, dekadente Intellektualisten, die sich nicht scheuen, feindhörig Auslandssender abzuhören, lebten sich in feigen Defaitismus hinein, Deutschland verliere den Krieg.
Um für diesen Fall die Macht an sich zu reißen, gründeten sie eine »Europäische Union«, deren zur Schau getragenes Programm vor Kommunismus und angelsächsischer Scheindemokratie kriecht, damit sie von beiden später anerkannt würden.
In Flugblättern beschimpften sie unseren Führer, den Nationalsozialismus und unser kämpfendes Volk.
Ihr Ziel, als Regierung Deutschlands nach einer Niederlage anerkannt zu werden, suchten sie vor allem auch dadurch zu erreichen, daß sie Beziehungen zu illegalen politischen Gruppen ausländischer Arbeiter in Deutschland anknüpften und pflegten.
Darüber hinaus rüttelten sie an der Sicherheit unseres Reiches dadurch, daß sie Juden falsche Papiere verschafften, die sie als deutschblütig tarnen sollten.
Sie haben durch diesen ihren Defaitismus dem Kommunismus Vorschub geleistet, unseren Kampfwillen angenagt und durch das alles in unserer Mitte unseren Kriegsfeinden geholfen!
        Für immer ehrlos werden sie mit dem
            Tode
           bestraft.

Gründe

Robert Havemann, Georg Groscurth, Herbert Richter und Paul Rentsch wollen gebildet sein. Havemann hat nach dem Studium der Chemie als Stipendiat der Deutschen Forschungsgemeinde zuerst am Robert-Koch-Krankenhaus und dann an der militärärztlichen Akademie gearbeitet. Darauf ging er als wissenschaftlicher Assistent an das Pharmakologische Institut der Universität Berlin und wurde habilitiert. Er arbeitet in wichtigen Aufgaben seines Faches, hat auch Erfindungen entwickelt, die etwas bedeuten müssen; denn aus ihnen bezieht er schon jetzt monatlich etwa 1000 Mk Lizenzen.

Georg Groscurth war nach dem Medizinstudium auch Stipendiat der Deutschen Forschungsgemeinde, und zwar am Kaiser-Wilhelm-Institut für physikalische Chemie; dann wurde er Assistenzarzt am Robert-Koch-Krankenhaus, wo er seit 1938 Oberarzt der Ersten Inneren Abteilung ist. Seit 1940 doziert er auch an der Universität Berlin.

Herbert Richter eröffnete nach Besuch der Kunstschule zunächst eine Werkstätte für Innenarchitektur und Malerei, wurde dann 1922 Ufa-Architekt, gründete alsbald eine eigene Filmgesellschaft, betätigte sich darauf als beratender Architekt der Stadt Berlin und eröffnete danach wieder eine freie Praxis. Seit 1942 ist er für den Reichshandwerksmeister zentral in Fragen der Behebung von Fliegerschäden eingesetzt.

Paul Rentsch war im Weltkrieg Soldat und bekam das EK II. Er ist Zahntechniker und hat seit 1924 in Berlin eine selbständige Praxis.

Alle vier haben durch ihr Verhalten gezeigt, daß sie nicht gebildet sind. Zur Bildung gehört nämlich nicht nur Wissen und fachliches Können; Voraussetzung und Grundlage wahrer Bildung jedes Deutschen ist seine Treue in der Volksgemeinschaft zu Führer und Reich. Und alle vier sind Verräter an Volk, Führer und Reich geworden.

Sie kannten sich schon von früher her, teilweise viele Jahre lang. Sie kamen auch öfters, zunächst in Gruppen, zusammen. Aus ihren Gesprächen zur Politik und zur Kriegslage entwickelte sich eine gemeinsame defaitistische und oppositionelle Anschauung. So entstand unter ihnen der Gedanke, eine Organisation zu gründen, die alle diejenigen Kräfte sammeln sollte, die »politisch nicht belastet«, d. h. im Sinne der vier Angeklagten nicht nationalsozialistisch tätig gewesen waren. Diese Vereinigung gründeten die vier Angeklagten auch tatsächlich, und zwar am 15. Juli ds. Js. Sie nannten sie die »Europäische Union«.

Rentsch war unter den Vieren weniger führend als bloß mitgenommen. Der Kopf der Vier war zweifellos Havemann. Er sagt, er habe besonders seit etwa einem Jahr geglaubt, Deutschland werde den Krieg verlieren; habe befürchtet, daß Deutschland dann Schauplatz des Kampfes zwischen den Bolschewisten und den Angelsachsen und von beiden zerrissen werden würde; besonders, wenn die vielen alten Parteien wieder auferstehen sollten, weil dann zur äußeren Schwäche auch noch die innere Zerrissenheit kommen würde. Er habe es für unverantwortlich gehalten, nicht an die Niederlage zu denken und nicht für den Fall der Niederlage vorzusorgen. In den Besprechungen mit den anderen Angeklagten habe sich dann eine Gemeinschaft der Gedanken in diesem Sinne entwickelt. Dabei sei man sich klar gewesen, daß die Gründung einer Auffangorganisation für solche in seinem Sinne »unbelasteten« Elemente nur Aussicht auf Erfolg habe, wenn sie vom Ausland nicht gleich abgelehnt werde, und wenn sie in ihrer eigenen Mitte von vornherein alle weltanschaulich-politisch-dogmatischen Auseinandersetzungen vermeide. Programm und Charakter dieser Organisation hätten also nichts Nationalsozialistisches enthalten dürfen und sich sowohl an bolschewistische als auch an angelsächsische-demokratische Ideologien anlehnen müssen. Endlich habe sich unter den Angeklagten der Gedanke durchgesetzt, man müsse größer erscheinen als man sei, weil man sonst der Lächerlichkeit verfallen würde. Deshalb sei man u. a. auch auf den Gedanken gekommen, die beabsichtigte Vereinigung »Europäische Union« zu nennen und sich selbst, obgleich weitere Mitglieder noch gar nicht da waren, als deren Zentralkomitee und schließlich als das Exekutivkomitee des Zentralkomitees zu bezeichnen.

Diese Darstellung Havemanns stimmt in allen wesentlichen Zügen mit den Angaben der drei anderen Angeklagten überein, nur daß Rentsch zwar nicht die Verantwortung dafür, daß er mitgemacht hat, aber doch die aktive Miturheberschaft auch an der Schöpfung dieser Gedanken bestreitet.

Es mag also so gewesen sein.

Jedenfalls kamen am 15. Juli die vier Angeklagten in Richters Wohnung zusammen und gründeten dort die »Europäische Union«. Havemann hielt eine Rede, in der er deren Grundgedanken und Zielsetzung heraushob. Außerdem verlas man ein Manifest (»Antwort des ZK der EU an alle Antifaschisten«, Anlage 1), diskutierte darüber, beschloß den Namen der Organisation, gab sich Decknamen (Havemann-Henrichs, Groscurth-Werner, Richter-Miller, Rentsch-Walles), beantwortete die Frage von Rentsch, ob nur Kommunisten Aufnahme finden sollten dahin, daß das nicht nötig sei; kam überein, daß man Mitglieder werben und Flugblätter schaffen wolle, und schließlich erklärte noch Groscurth, er habe Verbindung zu ausländischen Arbeitern und nannte als solche Verbindung einen gewissen »Invar« (Deckname für Schadkiewitsch). Man beschloß, mit »Invar« Fühlung zu nehmen. Und schließlich konstituierte man sich als Zentralkomitee der »Europäischen Union«.

Die »Antwort an alle Antifaschisten«, also das Manifest der »Europäischen Union», hatte Groscurth unter Mithilfe von Havemann hergestellt. Es enthält schwerste Verleumdungen des Führers und des Nationalsozialismus, hebt die illegalen Zersetzer unserer Volkgemeinschaft und unseres Reiches als »die besten, die mutigsten politischen Kämpfer« hervor und schwelgt in bolschewistischer Ideologie. Es erklärt klipp und klar, mit Hilfe der ausländischen Arbeiter in Deutschland »zur größten revolutionären

Organisation der Überlebenden des faschistischen Massenmordes in Europa« werden zu wollen. Es beschimpft den Nationalsozialismus als Separatismus und verbindet mit einer bolschewistischen Ideologie zugleich – wie auch Stalin – heute Phrasen aus der Mottenkiste der französischen Revolution und der Weimarer Verfassung von der Freiheit des Individuums. Es spricht dann von einem europäischen Sozialismus und hebt hervor, daß der Weg zu ihm nur durch eine europäische Revolution freizumachen ist.

Wie beschlossen, handelten die vier Angeklagten. Sie kamen in der nächsten Zeit mehrmals in ihren Wohnungen zusammen, billigten den Entwurf eines Stempels der »Europäischen Union«, den Richter beschaffte, diskutierten über drei Flugblattentwürfe (Anlagen 2–4), die Havemann hergestellt hatte, und befaßten sich weiter mit der Frage der Fühlungnahme zu illegalen Gruppen ausländischer Arbeiter. [...]

Es erübrigt sich fast, darauf hinzuweisen, daß die Flugblätter, die Havemann verfaßte, den gleichen Geist atmen und mit den gleichen vom Kommunismus und vom demokratischen Individualismus entlehnten Phrasen arbeiten; daß auch sie den Nationalsozialismus beschimpfen, zur Revolution hetzen und von einem Europa faseln, das aus der Niederlage Deutschlands entstehen solle. Die Flugblätter saugen Honig aus dem Verrat an Mussolini, während es gerade damals darauf ankam, daß jeder Deutsche ganz fest zu Führer, Volk und Reich stand. Nach bolschewistischer Art mahnen sie zum Einhalten der konspirativen Regeln, der unterirdischen Arbeit. Als nächste wichtige Aufgabe bezeichnen sie Mundpropaganda. Errichtung von Depots, Vorbereitung eines Schnellverkehrs der Aktionszellen, die Errichtung von Stützpunkten in weiteren lebenswichtigen Betrieben, ja sogar die Errichtung neuer Stützpunkte in der Wehrmacht, Phrasengeschwollen betont ein anderes Flugblatt, daß die »Europäische Union« mit der SPD, SAP und KPD kämpft, daß sie aber auch die Vertreter bürgerlicher politischer Richtungen nicht verschmäht, macht also nach bewährtem Stalinschen Muster in Einheitsfront. Noch deutlicher als das Manifest holen die Flugblätter all die lügnerischen Grundsätze der Menschenrechte der Weimarer Verfassung wieder heraus. Und mit demselben heuchlerischen Augenaufschlag wie Stalin seit geraumer Zeit weisen sie es weit von sich, daß die Ausrottung der Bourgeoisie und die Diktatur dogmatischer Marxisten ihr Ziel sei, um dann aber sofort das Wirtschaftsprogramm des dogmatischen Marxismus auf ihre Fahne zu schreiben. Und die Flugblätter versäumen auch nicht hervorzuheben, daß man auf die gewaltigen Massen ausländischer Arbeiter in Deutschland rechne. Schließlich bläst sich die »Europäische Union«

getreu ihrem Grundsatz, aus Propagandagründen mehr scheinen zu wollen als sie ist, bis zu der mächtigen EU für ein freies sozialistisches Europa auf. Zum Schluß unterzeichnet sie bombastisch das »Exekutivkomitee des Zentralkomitees der EU«.
An diesen Flugblättern ist – wie man sagt – alles dran. Defaitistisch ist die Grundlage, kommunistisch und zugleich bürgerlich-individualistisch sind die Verbeugungen vor Stalin und Roosevelt, zynisch schamlos die Wehrkraft- und die Wehrmachtszersetzung. Wenn man von der reinen Spionage absieht, fehlt in diesen Flugblättern, wie ja auch schon im Manifest, wie überhaupt in der ganzen Gesinnung und Betätigung der EU nichts, was man sich an Verrat an unserem kämpfenden Volk denken kann.
Daß die Union auch so fortfahren wollte, ergibt sich aus 2 Entwürfen Havemanns für neue Flugblätter, deren eines über den Umfang der Vernichtung der deutschen Großstädte nach dem Stande vom 31. Juli 1943 informieren zu wollen vorgibt. In maßlosen Übertreibungen werden hier schauererweckende Zahlen der Toten des feindlichen Luftterrors, der abgeworfenen Bombengesamtgewichte, des Hundertsatzes der Städtezerstörung und ähnliches wiedergegeben, wird davon gesprochen, welche Destruktion unserer Staatssicherheit die Folge sei; behauptet, es gäbe nun schon eine Million Menschen ohne Ausweise in Deutschland, ungezählte ausländische Agenten, Kriegsgefangene, Deserteure und illegale Nazigegner unter ihnen! In einem weiteren Entwurf behandelt Havemann die äußere und die innere Lage des Reiches schwarz in schwarz und beschimpft dabei das treue und kämpferische deutsche Volk; behauptet, der Staatsapparat und der Apparat der Partei sei völlig durcheinander und zerfalle in 2 feindliche Gruppen. [. . .]
Wie schamlos die Gesinnung der 4 Angeklagten ist, ergibt sich auch daraus, daß sie geradezu systematisch illegal lebende Juden unterstützten, ja sogar mästeten; aber nicht nur das, sie verschafften ihnen sogar falsche Ausweise, die sie vor der Polizei tarnen sollten als wären sie nicht Juden sondern Deutsche. Dabei weiß jedermann, vor allem aber jeder Gebildete, daß die Polizei jedes geordneten Staates die absolute Gewähr haben muß, daß sie genau über die Persönlichkeit aller, die im Staatsgebiet leben, unterrichtet ist. Falsche Ausweise bedeuten eine schwere Gefährdung der Grundlagen der Staatssicherheit. Das wußten erst recht Männer wie die Angeklagten, die auf ihre Bildung pochen. Havemann hat ja sogar die Frechheit gehabt, in dem bei ihm gefundenen, schon besprochenen Entwurf, darauf besonders hinzuweisen, daß im Reich viele Personen ohne Ausweis seien und das als einen Beweis für den baldigen Zusammenbruch angeführt.

Havemann hatte erfahren, daß ein Bekannter von ihm, der Bruder einer vom Volksgerichtshof zum Tode verurteilten Kommunistin, draußen in Schönwald, die Jüdin Agnes Sarah Wolf und den Juden Heinz Israel Wolf heimlich untergebracht hatte. Als er hörte, daß die Unterbringung für die Zukunft auf Schwierigkeiten stieß, fuhr er hinaus, glättete die Schwierigkeiten, zahlte aus eigener Tasche für die bisherige Unterbringung 400 Mk und versprach für die Zukunft monatlich 100!!! Aus eigenem Gelde ließ er diesen Juden auch Butter, einmal auf dem schwarzen Markt gekaufte 10 Pfund Kalbsfett, Nährmittel und Brotmarken zukommen, die er übrigens teilweise zu diesem Zweck von Groscurth bekam! Havemann war auch über einige der sonstigen Judenunterstützungen, die noch besprochen werden, unterrichtet. [. . .]

Wenn man diese Seite der zersetzenden Tätigkeit der Angeklagten für sich allein ansieht, bekommt man nicht nur den Eindruck, als befinde man sich in einer ganz ordinären Verbrecherclique der allgemeinen Kriminalität, sondern schon diese Tätigkeit für sich allein bedeutet eine außerordentliche Unterstützung unserer Feinde im Kriege. Denn sie untergräbt unsere Sicherheit, sie verschleiert die Evidenz unserer Bevölkerung. Männer der Intelligenz wissen das auch (§ 91 b StGB). Dies allein ist also ein Verbrechen, das nicht leichtgenommen werden darf und das schon für sich die Todesstrafe verdient. Aber darüber hinaus wirft es gerade auf diese Angeklagten, ihre ganze Mentalität und ihre sonstige Verrattätigkeit ein bezeichnendes Schlaglicht.

Die 4 Angeklagten haben eingestanden, daß sie, Havemann oft, die anderen angeblich seltener, wenn sie beieinander waren aber auch sonst den Londoner Sender gehört haben. Oft hat der Volksgerichtshof erlebt, daß deutsche Männer und Frauen dadurch zu Defaitisten geworden sind, dadurch daß sie das Gift der Feindsender in sich einsogen. Die Angeklagten haben sich dagegen gewehrt, daß ihre Einstellung eine Folge des Feindsenderabhörens sei. Dann stammt sie also aus ihrem eigenen Innern, um so schlimmer! Die Angeklagten wehren sich dagegen, daß ihr Programm kommunistisch gewesen sei. Es hat keinen Zweck, mit ihnen darüber zu verhandeln. Daß das, was sie sagen, kommunistisch gewesen ist, steht außer Zweifel. Daß sie sich dessen bewußt waren, mindestens *auch* kommunistisch zu reden, geben sie ja selbst zu! Denn sie haben eine Anlehnung an Sowjetrußland in der Ideologie ihrer Manifeste und Aufrufe für notwendig gehalten, um für den Fall, auf den sie warteten, nämlich für die Stunde einer Niederlage Deutschlands, von dort her nicht abgelehnt werden. Dann kann man sie aber nicht damit hören, daß sie in Wirklichkeit den Kommunismus nicht gewollt hätten. Gegen diesen ihren Mundprotest sprechen ihre Taten. Die Angeklagten haben also kommunistisch-revolutionär gearbeitet (§§ 30 II, 83 StGB [Strafgesetzbuch; Anhang Nr. 4, S. 141]), was freilich nichts daran ändert, daß die Grundlage ihrer ganzen Tätigkeit, wenn sie nicht egoistische Rückversicherungsgedanken gehabt haben sollten, die sie führenden Nationalsozialisten lügnerisch vorwerfen, ein feiger Defaitismus gewesen ist. Schon der Gedanke, heute nicht alle Kraft daran zu setzen, den Sieg zu erringen, sondern Kräfte für den Fall einer Niederlage abzuzweigen, ist durch und durch verbrecherisch, treulos und defaitistisch. Und auf diesen Gedanken baut sich ja alles auf, was die EU wollte und getan hat. Im Defaitismus liegt also der Kern ihres Verrats (§ 5 KSSVO [Kriegssonderstrafrechtsverordnung; Anhang Nr. 5, S. 143). Und der Kommunismus ist eines der Mittel für den Angeklagten, ihre auf ihrem Defaitismus beruhenden volksverräterischen Gedanken durchzuführen: durch hündisches Kuschen vor unseren Todfeinden, dem Bolschewismus und der Plutokratie, um Gnade für ihre spätere Machtergreifung zu bitten.

Mit all dem haben die Angeklagten mitten im Krieg unseren Kriegsfeinden geholfen; in einer Weise, wie wohl selbst Churchill, Roosevelt und Stalin es sich nicht haben träumen lassen. Freilich ohne Erfolg. Denn das deutsche Volk antwortet solchen Verrätern anders als dadurch, daß es ihnen folgt. Daß sie keinen Erfolg hatten, können sie aber nicht, wie einzelne von ihnen getan haben, jetzt für sich buchen wollen. Wenn das Reich durch seine Polizei und seine Justiz erst dann den Verrat mit aller Kraft bekämpfen wollte, wenn er einen Erfolg gehabt hat, so wäre es zu spät. Der verräterische Wille ist die Schuld der Angeklagten. Ihr Mißerfolg ist nicht ihr Verdienst, sondern die Folge der Haltung des deutschen Volkes. In dieser Hilfe für unsere Kriegsfeinde (§ 91 b StGB [Anhang Nr. 4, S. 143]), diesem Defaitismus, dieser Zersetzung unserer Kraft zu mannhafter Wehr in sich selbst und in denen, mit denen sie über die EU sprachen, in dieser kommunistischen Agitation vereint sich die untilgbare Schuld der Angeklagten zum Volksverrat. Es ist zwar richtig, aber verschwindend demgegenüber, daß sie damit das Vertrauen, das man ihnen in ihrem Beruf entgegenbrachte, Richter an einer wichtigen Stelle im Staate, Groscurth als Oberarzt in einem Krankenhause, das den Namen eines der größten deutschen Mediziner trägt; Havemann in einem Institut von glänzendem Namen, in dem er mit wichtigen Arbeiten betraut war, aufs schwerste getäuscht haben. Es ist auch richtig, verschwindet aber demgegenüber gleichfalls, daß sie zu dem Teil der geistig Schaffenden Deutschlands gehören, die das geistige Schaffen diskreditieren, weil sie als entartete Intellektualisten, statt als deutsche Männer und Bürger des Reiches ihr

Wissen und ihr Können als Verpflichtung zu doppelter Arbeit ansehen, im Salonbolschewismus und ähnlichen Dekadenzerscheinungen sich schamlos herumwälzen und dann auch noch die Frechheit haben, sich als designierte Führer des deutschen Volkes aufzuspielen; den Führer des Betrugs am Volk zu beschuldigen, während sie selbst das Heuchlerische und Irreführende ihrer Propaganda, z. B. in der Lügenhaftigkeit ihrer Aushängeschilder, zugeben müssen. Was würden unsere Soldaten sagen, wenn der nationalsozialistische Staat nicht solche Kreaturen so behandeln würde, wie sie sind, nämlich als für immer ehrlose Subjekte, die unserem kämpfenden Volk, vor allem auch unseren kämpfenden Soldaten in unvorstellbarer Weise in den Rücken fallen? Solche für immer ehrlosen Subjekte wie diese 4 Angeklagten mußten deshalb zum Tode verurteilt werden. Ob dieser oder jener von ihnen besondere Verdienste hat, konnte für den Volksgerichtshof kein Gesichtspunkt sein, der sein Urteil bestimmte. Wenn der Schlosser im Rüstungsbetrieb, der Landarbeiter auf dem Gute, überhaupt der einfache Mann, der nicht mit Hochschulbildung und ähnlichem protzen kann, Verrat begeht und deshalb aus der Volksgemeinschaft ausgemerzt werden muß, so wäre es nicht nationalsozialistisch, wollte der Volksgerichtshof bei diesen Angeklagten anders verfahren.
Weil sie verurteilt sind, müssen diese 4 Angeklagten die Kosten tragen.

gez. Dr. Freisler   gez. Rehse

Ab Dezember 1943 saß *Havemann* im Zuchthaus Brandenburg-Görden in der Todeszelle. Das Urteil wurde jedoch nicht vollstreckt. Einflußreiche Freunde und Kollegen vom Kaiser-Wilhelm-Institut für Physikalisch-chemische und pharmakologische Forschung sowie vom Heereswaffenamt bemühten sich erfolgreich, die Urteilsvollstreckung zu verhindern. *Havemann* erhielt sogar im Zuchthaus (!) einen Forschungsauftrag und ein kleines Labor eingerichtet. Er benutzte diese Möglichkeiten sofort, um im Zuchthaus, zusammen mit einer Widerstandsgruppe, wieder aktiv zu werden. Er baute in seine Meßinstrumente einen weitreichenden Kurzwellenempfänger ein, hörte die Auslandssender ab und versorgte die Insassen des Zuchthauses mit den neuesten Informationen. Zu diesen Insassen gehörte auch der heutige SED-Chef *Honecker**.

---

* Bezeichnend ist, daß andere SED-linientreue Mithäftlinge heute die damaligen Aktivitäten *Havemanns* bewußt totschweigen. In ihrem Buch: »Gesprengte Fesseln – Ein Bericht über den antifaschistischen Widerstand und die

Heute ist *Havemann* den Repressionen und Freiheitsbeschränkungen eines zentralen Parteiapparats ausgeliefert, an dessen Spitze der »Kollege« von damals steht und nur deshalb, weil er als Sozialist für die Aufhebung aller Beschränkungen der freien Meinungsäußerung und für mehr Freiheiten gegenüber dem allmächtigen Parteiapparat in der DDR eintritt.[12] Das scheint aber zu allen Zeiten das Schicksal der aufrechten Kämpfer gegen totalitäre Herrschaftsansprüche zu sein, weil Toleranz und Freiheit zu ihrer Selbstzerstörung führen würden.

Der Widerstand des 20. Juli 1944

Der aktive Widerstand gegen die Herrschaft des Nationalsozialismus fand seinen sichtbarsten Ausdruck am 20. Juli 1944. Die von Oberst i. G. *Stauffenberg* für *Hitler* bestimmte Bombe explodierte – *Hitler* überlebte.
Noch in der Nacht zum 21. Juli ertönte seine Stimme über alle deutschen Rundfunksender:
»Deutsche Volksgenossen!
Wenn ich heute zu Ihnen spreche, dann geschieht es besonders aus zwei Gründen: erstens, damit Sie meine Stimme hören und wissen, daß ich selbst unverletzt und gesund bin, zweitens, damit Sie aber auch das Nähere erfahren über ein Verbrechen, das in der deutschen Geschichte seinesgleichen sucht.
Eine ganz kleine Clique ehrgeiziger, gewissenloser und zugleich verbrecherischer, dummer Offiziere hat ein Komplott geschmiedet, um mich zu beseitigen und zugleich mit mir den Stab der deutschen Wehrmacht auszurotten . . .
Der Kreis, den diese Usurpatoren darstellen, ist ein denkbar kleiner. Er hat mit der deutschen Wehrmacht und vor allem auch mit dem deutschen Volk nichts zu tun. Es ist ein ganz kleiner Klüngel

---

Geschichte der illegalen Parteiorganisation der KPD im Zuchthaus Brandenburg-Görden von 1935 bis 1945, 1976 im Militärverlag der DDR erschienen, erwähnen *Max Frenzel, Wilhelm Thiele* und *Artur Mannbar* ihren aktiven Mithäftling überhaupt nicht; denn der Staatssicherheitsdienst der DDR behauptet: »Aufgrund der vorhandenen Unterlagen ist bewiesen, daß Robert Havemann im Zuchthaus Brandenburg-Görden wie ein König lebte und seine Beziehungen zur illegalen KP schlecht und zwiespältig waren« und »Radio basteln hin und her, er sagte keinem, was er hörte . . .« Das ist die absolute Verdrehung der nicht in die Parteilinie passenden Wahrheit.[13]

verbrecherischer Elemente, die jetzt unbarmherzig ausgerottet werden ...
Diesmal wird so abgerechnet, wie wir das als Nationalsozialisten gewöhnt sind.«[14]

Stauffenberg und drei weitere Offiziere wurden noch am Abend des 20. Juli standrechtlich erschossen. Danach wurde eine umfangreiche Verhaftungswelle eingeleitet, die grausige Folterungen, Schauprozesse und Hinrichtungen zur Folge hatte. Tausende Verwandte und Freunde von Verdächtigen wurden zudem in Konzentrationslager eingeliefert.
Hitler selbst bestimmte das weitere Verfahren gegen alle, die irgendwie mit dem Attentat in Verbindung gebracht werden konnten:

»Diesmal werde ich kurzen Prozeß machen. Diese Verbrecher sollen nicht vor ein Kriegsgericht, die kommen vor den Volksgerichtshof. Sie dürfen gar nicht groß zu Wort kommen. Und innerhalb von zwei Stunden nach der Verkündung des Urteils muß es sofort vollstreckt werden! Die müssen sofort hängen, ohne jedes Erbarmen.«[15]

Das erste Verfahren vor dem Volksgerichtshof fand am 7. und 8. August in Berlin statt. Angeklagt waren: *von Witzleben, Hoepner, Stieff, von Hase,* sowie die jüngeren Offiziere *von Hagen, Klausing, Bernardis* und *Graf Yorck von Wartenburg,* die eng mit *Stauffenberg* zusammengearbeitet hatten.
Aufgrund der Behandlung durch die Geheime Staatspolizei waren sie in der Verhandlung bereits stark mitgenommen. Dieser Eindruck wurde verstärkt durch ein besonders schäbiges Aussehen, das von *Goebbels* angeordnet wurde, um einen möglichst wirkungsvollen Film von der Verhandlung drehen zu können. Die Angeklagten waren schlecht gekleidet, unrasiert und einige hatten keine Hosenträger. So mußte z. B. Feldmarschall *von Witzleben* bei seiner Vernehmung durch *Freisler* ständig seine trägerlosen, zu weiten Hosen festhalten und *Freisler* schrie ihn an:

»Sie schmutziger alter Mann, was haben Sie immer an Ihren Hosen herumzufummeln?«

Trotz solcher Schikanen äußerten einige Angeklagte klar ihre ablehnende Meinung über den Nationalsozialismus. Nach einem längeren Dialog mit *Freisler* sagte z. B. *Graf Yorck*:

»Worauf es ankommt, was alle diese Fragen auf einen Nenner bringt, ist der totalitäre Anspruch des Staates gegenüber dem einzelnen, der Zwang, sich seiner moralischen und religiösen Verpflichtungen gegenüber Gott zu begeben.«
Danach entzog ihm *Freisler* mit der Bemerkung »Unsinn!« das Wort.[16]
Die vorbestimmten Todesurteile ergingen am 8. August und wurden noch am gleichen Tag vollstreckt. Gemäß der Weisung *Hitlers*: »Sie sollen gehängt werden wie Schlachtvieh!« wurden die acht Verurteilten im Zuchthaus Plötzensee in einem kleinen Raum an Fleischerhaken aufgehängt!

Der Niederschlagung des militärischen Widerstands folgte die Niederschlagung des politischen Widerstands, der teilweise mit *Stauffenberg* und seinen Offizieren Kontakt hatte, teilweise aber nur politische Gedanken und Vorstellungen für ein Deutschland nach *Hitler* entwickelte. Es handelte sich vornehmlich um den Leipziger Oberbürgermeister *Dr. Goerdeler* mit einer Gruppe Gleichgesinnter, sowie um den sog. »Kreisauer Kreis« u. a. mit *Graf von Moltke*, dem Jesuitenpater *Delp* und dem späteren Bundestagspräsidenten *Dr. Gerstenmaier*.
Es ist müßig darüber zu streiten, ob und inwieweit der militärische Widerstand von breiten Schichten der Intelligenz und des Volkes getragen war und ob die »bloß« Denkenden gegenüber den aktiv Handelnden vielleicht feige waren oder gar die angebliche deutsche Charakterschwäche der »Unterwürfigkeit« repräsentierten.
Wer wagt sich als Richter aufzuspielen über das Verhalten von Unterdrückten in einem totalitären Staat und in Situationen existenzieller Angst und Verfolgung – einschließlich des Risikos der Verurteilung zum Tode durch den Volksgerichtshof selbst bei geringfügigsten Vergehen? Wichtig war, daß sich – trotz aller tödlichen Gefahren – die geistige Erneuerung bereits unter *Hitler* vorbereitete und artikulierte. Für die nationalsozialistische Diktatur waren diese Widerstandsgruppen jedenfalls so gefährlich, daß viele von ihnen ihr Denken und Tun mit dem Tode bezahlen mußten.

»Helfe jeder mit, das Vaterland zu retten!«

(Aufruf an das deutsche Volk von führenden Mitgliedern des militärischen und politischen Widerstands; der Aufruf sollte nach dem Sturz des Hitler-Regimes von Generaloberst *Beck* unterzeichnet werden)[17]

»Deutsche!
Ungeheuerliches hat sich in den letzten Jahren vor unseren Augen abgespielt. Hitler hat ganze Armeen gewissenlos wider den Rat der Sachverständigen seiner Ruhmsucht, seinem Machtdünkel, seiner gotteslästerlichen Wahnidee geopfert, berufenes und begnadetes Werkzeug der »Vorsehung« zu sein.
Nicht vom deutschen Volk gerufen, sondern durch Intrigen schlimmster Art an die Spitze der Regierung gekommen, hat er durch dämonische Künste und Lügen, durch ungeheuerliche Verschwendung, die allen Vorteile zu bringen schien, in Wahrheit aber das deutsche Volk in gewaltige Schulden gestürzt haben, Verwirrung angerichtet. Um sich an der Macht zu halten, hat er damit eine zügellose Schreckensherrschaft verbunden, das Recht zerstört, den Anstand in Acht erklärt, die göttlichen Gebote reinen Menschentums verhöhnt und das Glück von Millionen von Menschen vernichtet.
Mit tödlicher Sicherheit mußte seine wahnwitzige Verachtung aller Menschen unser Volk ins Unglück stürzen, mußte sein angemaßtes Feldherrntum unsere tapferen Söhne, Väter, Männer und Brüder ins Verderben führen, sein blutiger Terror gegen Wehrlose den deutschen Namen der Schande überantworten. Rechtlosigkeit, Vergewaltigung der Gewissen, Verbrechen und Korruption hat er in unserem Vaterlande, das von jeher stolz auf seine Rechtlichkeit und Redlichkeit war, auf den Thron gesetzt; Wahrheit und Wahrhaftigkeit, zu denen selbst das kleinste Volk seine Kinder zu erziehen für seine größte Aufgabe hält, werden bestraft und verfolgt. So droht dem öffentlichen Wirken und dem Leben des einzelnen tödliche Vergiftung.
Das aber darf nicht sein, so geht es nicht weiter! Dafür dürfen Leben und Streben unserer Männer, Frauen und Kinder nicht fernerhin mißbraucht werden. Unserer Väter wären wir nicht würdig, von unseren Kindern müßten wir verachtet werden, wenn wir nicht den Mut hätten, alles, aber auch alles zu tun, um diese furchtbare Gefahr von uns abzuwenden und wieder Achtung vor uns selbst zu erringen. Zu diesem Zweck haben wir, nachdem wir unser Gewissen vor Gott geprüft haben, die Staatsgewalt übernommen. Unsere tapfere Wehr-

macht ist Bürge für Sicherheit und Ordnung, die Polizei wird ihre Pflicht erfüllen.

Jeder Beamte soll nur dem Gesetz und seinem Gewissen gehorchen und seiner Sachkunde folgend sein Amt ausüben. Helfe jeder durch Disziplin und Vertrauen mit. Erfüllt Euer Tagewerk mit neuer Hoffnung. Helft einander! Eure gepeinigten Seelen sollen wieder ruhig und getrost werden.

Fern jeden Hasses werden wir der inneren, in Würde der äußeren Versöhnung zustreben. Unsere erste Aufgabe wird es sein, den Krieg von seinen Entartungen zu reinigen und die verheerenden Vernichtungen von Menschenleben, Kultur- und Wirtschaftswerten hinter den Fronten zu beenden. Wir wissen alle, daß wir nicht Herren über Krieg und Frieden sind. Im festen Vertrauen auf unsere unvergleichliche Wehrmacht und im zuversichtlichen Glauben an die von Gott der Menschheit gestellten Aufgaben wollen wir alles zur Verteidigung des Vaterlandes und zur Wiederherstellung einer gerechten feierlichen Ordnung opfern, wieder in Achtung vor den göttlichen Geboten, in Sauberkeit und Wahrheit, für Ehre und Freiheit leben! Deutsche!

Hitlers Gewaltherrschaft ist gebrochen.

Er hat Ehre und Würde, Freiheit und Leben anderer für nichts erachtet. Zahllose Deutsche, aber auch Angehörige anderer Völker, schmachten seit Jahren in Konzentrationslagern, den größten Qualen ausgesetzt und häufig schrecklichen Foltern unterworfen. Viele von ihnen sind zugrunde gegangen.

Durch grausame Massenmorde ist unser guter Name besudelt. Mit blutbefleckten Händen ist Hitler seinen Irrweg gewandelt, Tränen, Leid und Elend hinter sich lassend. In diesem Kriege haben Machtrausch, Selbstüberheblichkeit und Eroberungswahn ihren letzten Ausdruck gefunden. Tapferkeit und Hingabe unserer Soldaten sind schmählich mißbraucht, ungeheure Opfer des ganzen Volkes sind sinnlos vergeudet.

Wir werden die Beweise für den ungeheuerlichen Verrat an dem deutschen Volk und an seiner Seele, für die totale Beugung des Rechts, für die Verhöhnung der edlen Forderung, daß Gemeinnutz vor Eigennutz zu gehen habe, für schamlose Korruption offen darlegen. Wer an diesen furchtbaren Wahrheiten noch zweifeln sollte, weil er als anständiger Mensch es für unmöglich hält, daß hinter hochtönenden Worten sich eine solche Ruchlosigkeit verbergen könnte, wird durch Tatsachen belehrt werden.

So durfte es nicht weitergehen! Unserer Väter wären wir nicht würdig, von unseren Kindern müßten wir verachtet werden, wenn wir den Mut nicht hätten, alles, aber auch alles zu tun, um die furchtbare Gefahr von uns abzuwenden und wieder Achtung vor uns selbst zu erringen.

Hitler hat seinen vor zehn Jahren dem Volke geleisteten Eid durch Verletzungen göttlichen und menschlichen Rechts unzählige Male gebrochen. Daher ist kein Soldat, kein Beamter, überhaupt kein Bürger ihm mehr durch Eid verpflichtet.

In höchster Not habe ich zusammen mit Männern aus allen Ständen des Volkes, aus allen Teilen des Vaterlandes gehandelt. Ich habe die einstweilige Führung des Deutschen Reichs übernommen und die Bildung einer Regierung unter Führung des Reichskanzlers angeordnet. Sie hat die Arbeit aufgenommen. Den Oberbefehl über die Wehrmacht führt Generalfeldmarschall v. Witzleben, dem sich die Oberbefehlshaber an allen Fronten unterstellt haben. Diese Männer haben sich mit mir zusammengefunden, um den Zusammenbruch zu verhüten.

In ernster Stunde treten wir vor Euch. Die Verantwortung vor Gott, vor unserem Volke und vor seiner Geschichte, die kostbaren Blutopfer zweier Weltkriege, die ständig wachsende Not der Heimat, das Elend auch der anderen Völker, die Sorge um die Zukunft der Jugend verpflichten uns.

Die Grundsätze und Ziele der Regierung werden bekanntgegeben werden. Sie sind bindend, bis die Möglichkeit gegeben ist, das deutsche Volk darüber entscheiden zu lassen. Unser Ziel ist die wahre, auf Achtung, Hilfsbereitschaft und soziale Gerechtigkeit gegründete Gemeinschaft des Volkes. Wir wollen Gottesfurcht an Stelle von Selbstvergottung, Recht und Freiheit an Stelle von Gewalt und Terror, Wahrheit und Sauberheit an Stelle von Lüge und Eigennutz.

Wir wollen unsere Ehre und damit unser Ansehen in der Gemeinschaft der Völker wiederherstellen. Wir wollen mit besten Kräften dazu beitragen, die Wunden zu heilen, die dieser Krieg allen Völkern geschlagen hat, und das Vertrauen zwischen ihnen wieder neu beleben.

Die Schuldigen, die den guten Ruf unseres Volkes geschändet und soviel Unglück über uns und andere Völker gebracht haben, werden bestraft werden.

Wir wollen der Hoffnungslosigkeit, daß dieser Krieg noch endlos weitergehen müsse, ein Ende machen. Wir erstreben einen gerechten Frieden, der an die Stelle der Selbstzerfleischung und Vernichtung der Völker friedliche Zusammenarbeit setzt. Ein solcher Friede kann sich nur auf Achtung vor der Freiheit und der Gleichberechtigung aller Völker gründen. Ich rufe alle anständigen Deutschen, Männer und Frauen aller Stämme und Stände, ich rufe auch die deutsche Jugend. Ich baue auf die freudige Mitarbeit der christlichen Kirchen. Habt Mut und Vertrauen! Die Aufgabe ist ungeheuer schwer. Ich kann und will Euch keine leeren Versprechungen machen. Wir

werden in harter Arbeit ringen müssen, um langsam wieder vorwärts
und aufwärts zu kommen. Aber wir werden diesen Weg als freie
Menschen in Anstand gehen und wieder die Ruhe des Gewissens
finden.
Erfülle jeder seine Pflicht!
Helfe jeder mit, das Vaterland zu retten!«

Das neue Kabinett
Reichskanzler: *Dr. Carl Goerdeler* (konservativ)
Vizekanzler: *Wilhelm Leuschner* (Sozialdemokrat)
Staatssekretär in der Reichskanzlei: *Peter Graf Yorck von Wartenburg*
Innenministerium: *Dr. Julius Leber* (Sozialdemokrat)
Staatssekretär des Innern: *Fritz Graf von der Schulenburg*
Wirtschaftsministerium: *Dr. Paul Lejeune-Jung* (volkskonservativ)
Justizministerium: *Dr. Joseph Wirmer* (Zentrum)
Kultusministerium: *Dr. Kurt von Schuschnigg* (hierfür waren auch *Dr. Johannes Popitz* und *Eugen Bolz* genannt worden)
Finanzministerium: *Dr. Ewald Löser* (Generaldirektor der Kruppwerke)
Außenministerium: *Ulrich von Hassell* oder *Werner Graf von der Schulenburg*
Kriegsministerium: *General der Artillerie Friedrich Olbricht*
Staatssekretär im Kriegsministerium: *Claus Graf Schenk von Stauffenberg*
Arbeitsministerium: *Bernhard Letterhaus* (Zentrum)
Verkehrsministerium: Oberbürgermeister a. D. *Dr. Raabe* (Zentrum) oder *Matthäus Herrmann* (Sozialdemokrat)

»Der Ausgangspunkt liegt in der göttlichen Ordnung«

(Grundsätze für die Neuordnung Deutschlands; Entwurf des »Kreisauer Kreises« vom 9. August 1943)[18]

> »Die Regierung des Deutschen Reiches sieht im Christentum die
> Grundlage für die sittliche und religiöse Erneuerung unseres Volkes,
> für die Überwindung von Haß und Lüge, für den Neuaufbau der
> europäischen Völkergemeinschaft.

Der Ausgangspunkt liegt in der verpflichtenden Besinnung des Menschen auf die göttliche Ordnung, die sein inneres und äußeres Dasein trägt. Erst wenn es gelingt, diese Ordnung zum Maßstab der Beziehungen zwischen Menschen und Völkern zu machen, kann die Zerrüttung unserer Zeit überwunden und ein echter Friedenszustand geschaffen werden. Die innere Neuordnung des Reiches ist die Grundlage zur Durchsetzung eines gerechten und dauerhaften Friedens. Im Zusammenbruch bindungslos gewordener, ausschließlich auf die Herrschaft der Technik gegründeter Machtgestaltung steht vor allem die europäische Menschheit vor dieser Aufgabe. Der Weg zu ihrer Lösung liegt offen in der entschlossenen und tatkräftigen Verwirklichung christlichen Lebensgutes. Die Reichsregierung ist daher entschlossen, folgende nach innen und außen unverzichtbare Forderungen mit allen ihr zur Verfügung stehenden Mitteln zu verwirklichen:

1. Das zertretene Recht muß wieder aufgerichtet und zur Herrschaft über alle Ordnungen des menschlichen Lebens gebracht werden. Unter dem Schutz gewissenhafter, unabhängiger und von Menschenfurcht freier Richter ist es Grundlage für alle zukünftige Friedensgestaltung.

2. Die Glaubens- und Gewissensfreiheit wird gewährleistet. Bestehende Gesetze und Anordnungen, die gegen diese Grundsätze verstoßen, werden sofort aufgehoben.

3. Brechung des totalitären Gewissenszwanges und Anerkennung der unverletzlichen Würde der menschlichen Person als Grundlage der zu erstrebenden Rechts- und Friedensordnung. Jedermann wirkt in voller Verantwortung an den verschiedenen sozialen, politischen und internationalen Lebensbereichen mit. Das Recht auf Arbeit und Eigentum steht ohne Ansehen der Rassen-, Volks- und Glaubenszugehörigkeit unter öffentlichem Schutz.

4. Die Grundeinheit friedlichen Zusammenlebens ist die Familie. Sie steht unter öffentlichem Schutz, der neben der Erziehung auch die äußeren Lebensgüter: Nahrung, Kleidung, Wohnung, Garten und Gesundheit sichern soll.

5. Die Arbeit muß so gestaltet werden, daß sie die persönliche Verantwortungsfreudigkeit fördert und nicht verkümmern läßt. Neben der Gestaltung der materiellen Arbeitsbedingungen und fortbildender Berufsschulung gehört dazu eine wirksame Mitverantwortung eines jeden an dem Betrieb und darüber hinaus an dem allgemeinen Wirtschaftszusammenhang, zu dem seine Arbeit beiträgt. Hierdurch soll er am Wachstum einer gesunden und dauerhaften Lebensordnung mitwirken, in der der einzelne seine Familie und die Gemeinschaften in ausgeglichenen Wirtschaftsräumen ihre organische Entfaltung finden können. Die Wirtschaftsführung muß diese Grunderfordernisse gewährleisten.

6. Die persönliche politische Verantwortung eines jeden erfordert seine mitbestimmende Beteiligung an der neu zu belebenden Selbstverwaltung der kleinen und überschaubaren Gemeinschaften. In ihnen verwurzelt und bewährt, muß seine Mitbestimmung im Staat und in der Völkergemeinschaft durch selbstgewählte Vertreter gesichert und ihm so die lebendige Überzeugung der Mitverantwortung für das politische Gesamtgeschehen vermittelt werden.
7. Die besondere Verantwortung und Treue, die jeder einzelne seinem nationalen Ursprung, seiner Sprache, der geistigen und geschichtlichen Überlieferung seines Volkes schuldet, muß geachtet und geschützt werden. Sie darf jedoch nicht zur politischen Machtzusammenballung, zur Herabwürdigung, Verfolgung oder Unterdrückung fremden Volkstums mißbraucht werden. Die freie und friedliche Entfaltung nationaler Kultur ist mit der Aufrechterhaltung absoluter einzelstaatlicher Souveränität nicht mehr zu vereinbaren. Der Friede erfordert die Schaffung einer die einzelnen Staaten umfassenden Ordnung. Sobald die freie Zustimmung aller beteiligten Völker gewährleistet ist, muß den Trägern dieser Ordnung das Recht zustehen, auch von jedem einzelnen Gehorsam, Ehrfurcht, notfalls auch den Einsatz von Leben und Eigentum für die höchste politische Autorität der Völkergemeinschaft zu fordern ...«

Urteil: Der Verrat schlechthin

(Urteil des Volksgerichtshofs vom 8. 9. 1944 gegen

Dr. Kurt Goerdeler, ehemals Oberbürgermeister aus Leipzig,
Wilhelm Leuschner, Fabrikant aus Berlin-Charlottenburg,
Josef Wirmer, Rechtsanwalt aus Berlin-Lichterfelde,
Ulrich von Hassell, ehemals Botschafter aus Potsdam,
Dr. Paul Lejeune-Jung, Geschäftsführer aus Berlin-Charlottenburg)[19]
Das Urteil erging unter dem Vorsitz von *Dr. Freisler*:

»Ehrgeizzerfressene, ehrlose, feige Verräter sind Karl Goerdeler, Wilhelm Leuschner, Josef Wirmer und Ulrich von Hassell. Sie verschworen sich – Goerdeler sogar als politischer Kriegsspion für unsere Feinde – mit einer Gruppe eidbrüchiger Offiziere, die unseren Führer ermorden wollte, als Minister einer feindhörigen Verräterregierung unser Volk in dunkler Reaktion zu knechten und unseren Feinden auf Gnade und Ungnade auszuliefern. Auch Lejeune-Jung ist ein für immer ehrloser Verräter: er stellte sich der Verräterregierung als Minister zur Verfügung. Statt mannhaft wie das ganze deutsche Volk, dem Führer folgend, unseren Sieg zu erkämpfen, verrieten sie – wie niemand je in unserer Geschichte – mitten im Daseinskampf das Opfer unserer Krieger, Volk, Führer und Reich; alles, wofür wir leben und kämpfen. Sie werden mit dem Tode bestraft. Ihr Vermögen verfällt dem Reich.«

In den Gründen des Urteils wurde u. a. ausgeführt:

»Erschreckend ist die Ideenlosigkeit dieser »Regierung«, dieses Liquidationsausschusses unseres Lebens. Sie spiegelt sich in ihrer vermotteten Vorgestrigkeit, in den »Regierungs«gedanken, wie Karl Goerdeler vor der Polizei darlegte. Nur einige Kostproben: Die persönliche Freiheit solle gesichert werden! Noch nie aber war der Anständige freier als im nationalsozialistischen Reich! Die Kirchen sollten zur Erziehung der Jugend und zur Betreuung der Bedürftigen herangezogen werden. Unsere Kinder wollte man also unkontrollierbarer Beeinflussung ausliefern; den nationalsozialistischen Gedanken der Gemeinschaftshilfe wieder auf den Almosengedanken zurückschrauben. Religionsunterricht sollte – auch gegen den Willen der Eltern – bis zum 14. Jahre Zwang sein; die deutsche Oberschule wollte man abschaffen; die Heidelberger Universität zu einem College englischer Art machen! Für die öffentliche Verwaltung bemächtigte man sich des Schlagwortes Selbstverwaltung, ohne doch zu sehen, daß wir infolge der Stellung und Kraft der NSDAP die vollendete Selbstverwaltung haben. Der Staat sollte die kommunale Selbstverwaltung nur auf ihre Gesetzmäßigkeit, nicht auf sachliche Richtigkeit überprüfen dürfen. Für die Wirtschaftspolitik lobte man sich das liberalistische Rezept des freien Spiels von Angebot und Nachfrage mit dem kurzsichtig-falschen Ziel niedrigster Preise. Für die Wirtschaftsverfassung wollte man auf die überwundene Methode des Weimarer Zwischenstaates mit gegenüberstehenden Berufsgruppen der »Kapitalseite« und der »deutschen Gewerkschaft« auf der »Arbeiterseite« mit Tarifverträgen und Schiedssprüchen, die mangels Autorität wie damals wirkungslos sein würden, zurückgreifen ... Verbrecherisch naiv endlich der außenpolitische Gedanke, der Londoner Polenausschuß werde die Angloamerikaner hindern, Deutschland im Westen weiter zu bedrängen, da Polen ja von Deutschland gegen die Sowjets geschützt werden müsse! Eine Mischung also von kindischen Naivitäten und Ewiggestrigem! Kein Wunder, daß eines der Mitglieder des Militärsektors sagte, es sei zu viel von »Wiederherstellen« die Rede. Es ist eben die Reaktion in Hochpotzenz... Außer wüsten Beschimpfungen auf unseren Führer,

- er habe den Ehrenschild des deutschen Volkes befleckt und seinen Ruf besudelt,
- er habe schamlose Bereicherung Einzelner auf Kosten des eigenen und fremder Völker befohlen,
- er habe seinen dem Vaterland geleisteten Eid gebrochen, nicht vom deutschen Volke gerufen, sondern durch Intrigen schlimmster Art sei er an die Spitze der Regierung gekommen,
- er habe Rechtlosigkeit, Vergewaltigung der Gewissen, Verbrechen und Korruption auf den Thron gesetzt,
- er wüste mit der Zukunft des deutschen Volkes, als ob es Holz und Steine wäre,

und vielen anderem,
außer dem allem schwelgt dies Material in Lust der Selbsterniedrigung unseres Volkes, in liebedienerischem Kotau vor unseren Feinden, in Anerkennung der Kriegsschuld und allen feindlichen Greuelmärchen über uns, im Herbeirufen unserer Feinde als etwas Erwünschtem, worüber man sich freue! . . . Dieser vollendete Verrat macht sie zu Aussätzigen unseres Volkes. Er sprengt die Engen vorher ausdenkbarer Straftaten der Gesetze; erfüllt mehrere, viele zugleich. Er ist nicht nur Hochverrat, Defaitismus und Hilfe für unsere Kriegsfeinde, nicht nur darüber hinaus wie bei den vier Ersten Mord am Führer und wie bei Goerdeler obendrein mehrfache Kriegsspionage. Er ist der Verrat schlechthin . . .«

Zur Verhandlungsführung im *Goerdeler*-Prozeß sei der folgende Prozeßbericht des Reichsjustizministers *Dr. Thierack* vom 8. September 1944 an den Sekretär des Führers im Führerhauptquartier, Reichsleiter *Bormann*, erwähnt:

»Die Verhandlungsführung des Vorsitzers war bei den Angeklagten Wirmer und Goerdeler unbedenklich und sachlich, bei Lejeune-Jung etwas nervös. Leuschner und von Hassell ließ er nicht ausreden. Er überschrie sie wiederholt. Das machte einen recht schlechten Eindruck, zumal der Präsident etwa 300 Personen das Zuhören gestattet hatte. Es wird noch zu prüfen sein, welche Personen Eintrittskarten erhalten haben. Ein solches Verfahren in einer solchen Sitzung ist sehr bedenklich. Die politische Führung der Verhandlung war sonst nicht zu beanstanden. Leider redete er aber Leuschner als Viertelportion und Goerdeler als halbe Portion an und sprach von den Angeklagten als Würstchen. Darunter litt der Ernst dieser gewichtigen Versammlung erheblich. Wiederholte längere, nur auf Propagandawirkung abzielende Reden des Vorsitzers wirkten in diesem Kreise abstoßend. Auch hierunter litt der Ernst und die Würde des

Gerichts. Es fehlt dem Präsidenten völlig an eiskalter überlegener Zurückhaltung, die in solchem Prozeß allein geboten ist ... Heil Hitler.«[20]

Wenn schon der Reichsjustizminister in einem Bericht für *Hitler* die Verhandlungsführung in diesem Sinne als bedenklich und abstoßend würdigt, so kann man sich unschwer vorstellen, wie stark der Vorsitzende *Freisler* (Spitzname: der »rasende Roland«) tatsächlich versucht hat, die Angeklagten einzuschüchtern und fertigzumachen. Eine Reaktion aus dem Führerhauptquartier auf den Bericht des Reichsjustizministers ist nicht bekannt.

Urteil: Er meldete sein Wissen nicht. Er ist für immer ehrlos.

(Urteil des Volksgerichtshofs vom 11. 1. 1945 gegen Graf Moltke und andere Mitglieder des »Kreisauer Kreises«)

Im Verfahren vor dem Volksgerichtshof im Januar 1945 gegen *Graf von Moltke* und weitere Anhänger des »Kreisauer Kreises« fragte *Freisler*:
»Sehen Sie ein, daß Sie schuldig sind?«
von Moltke antwortete: »Nein!« Darauf *Freisler*:
»Sehen Sie, wenn Sie das immer noch nicht erkennen, wenn Sie immer noch darüber belehrt werden müssen, dann zeigt das eben, daß Sie anders denken und damit sich selbst aus der kämpfenden Volksgemeinschaft ausgeschlossen haben.«
Einen Tag vor der Verkündung des Todesurteils schrieb *von Moltke*:

> »Das Schöne an dem so aufgezogenen Urteil ist folgendes: Wir haben keine Gewalt anwenden wollen – ist festgestellt; wir haben keinen einzigen organisatorischen Schritt unternommen, mit keinem einzigen Mann über die Frage gesprochen, ob er einen Posten übernehmen wolle – ist festgestellt; in der Anklage stand es anders ... Und vor den Gedanken dieser drei einsamen Männer, den bloßen Gedanken, hat der Nationalsozialismus eine solche Angst, daß er alles, was damit infiziert ist, ausrotten will. Wenn das nicht ein Kompliment ist. Wir sind nach dieser Verhandlung aus dem Goerdeler-Mist raus, wir sind aus jeder praktischen Handlung heraus, wir werden gehenkt, weil wir zusammen gedacht haben. Freisler hat recht, tausendmal recht; und wenn wir schon umkommen müssen, dann bin ich allerdings dafür, daß wir über dieses Thema fallen.

Ich finde, und nun komme ich zum Praktischen, daß diese Sache, richtig aufgemacht, sogar noch ein wenig besser ist als der berühmte Fall Huber. Denn es ist noch weniger geschehen. Es ist ja nicht einmal ein Flugblatt hergestellt worden. Es sind eben nur Gedanken ohne die Absicht der Gewalt [...]
Dadurch hat Freisler uns unbewußt einen ganz großen Dienst getan, sofern es gelingt, diese Geschichte zu verbreiten und auszunutzen. Und zwar m. E. im Inland und draußen. Durch diese Personalzusammenstellung ist dokumentiert, daß nicht Pläne, nicht Vorbereitungen, sondern der Geist als solcher verfolgt werden soll, Vivat Freisler!«[21]

Und so urteilte der Volksgerichtshof[22]:

»Helmuth Graf *von Moltke* wußte von Goerdelers Verrat. Zwar lehnte er seine Mitarbeit scharf ab, warnte auch seine politischen Freunde vor Goerdeler, aber er meldete sein Wissen nicht.

Er selbst, in Defaitismus befangen, bildete einen Kreis, der für den Fall eines Zusammenbruchs unseres Reiches mit Nichtnationalsozialisten die Macht ergreifen wollte.

Durch dies alles ist er für immer ehrlos geworden. Es wird mit dem *Tode* bestraft.

Der Jesuitenpater Alfred *Delp* arbeitete sehr eng und intensiv mit Helmuth Graf von Moltke zusammen, vermittelte ihm auch ein wichtiges informierendes Gespräch mit dem Bischof von Fulda und stellte ihm seine Münchener Wohnung zu Verratsbesprechungen zur Verfügung.

Auch er hat sich dadurch für immer ehrlos gemacht und wird mit dem *Tode* bestraft.

Eugen *Gerstenmaier* nahm an vorbereitenden Besprechungen, wie er meinte, mehr theoretischer Art, im Moltke-Kreis teil. Er mag nicht erkannt haben, daß sie die Machtergreifung vorbereiten wollten. In seinem Verkehr mit Moltke erfuhr er jedoch, daß Goerdeler einen Militärputsch plane. Das meldete er nicht.

Dafür bekommt er 7 – sieben – Jahre Zuchthaus; weitere 7 – sieben – Jahre ist er ehrlos.

Hans *Reisert* nahm an Besprechungen mit Helmuth Graf *von Moltke* in München teil. Zwar lehnte er Moltkes Pläne ab, aber auch er erstattete keine Meldung.

Dafür erhält er 5 – fünf – Jahre Zuchthaus und ist darüber hinaus 5 – fünf – Jahre lang ehrlos.

Josef Ernst Fürst Fugger *von Glött* kam einmal ahnungslos in eine

Besprechung mit Männern des Moltke-Kreises in München hinein, in der er erkannte, daß hier ›eine Schweinerei‹ im Gange sei. Er lehnte zwar jede Mitarbeit ab, erstattete aber keine Meldung.
Dafür wird er mit 3 – drei – Jahren Gefängnis bestraft.
Denen, die zu Zuchthaus oder Gefängnis verurteilt sind, wird ihre ganze Haft darauf angerechnet.
Franz *Sperr* nahm nicht nur an einigen Besprechungen mit Helmuth Graf von Moltke in München teil; vor allem kam er am 6. 6. 1944 in Bamberg mit dem Verräter Klaus Graf von Stauffenberg zusammen und erfuhr von ihm, daß er einen Militärputsch plane und dabei den Führer festnehmen wolle. Dieses Wissen meldete er nicht.
Dafür wird er mit dem *Tode* bestraft. Er ist für immer ehrlos.«

Juristen im Widerstand?

Die Geschwister *Scholl, Dr. Havemann,* Oberst *Stauffenberg, Dr. Goerdeler, Graf von Moltke* und ihre Freunde repräsentieren den deutschen Widerstand gegen *Hitler*. Ihre Ausschaltung durch die »Rechtsprechung« hat das Ende des Dritten Reiches nur geringfügig verzögert, die Zahl der Opfer aber beträchtlich erhöht. Doch Widerstand war auch sonst spürbar, und nicht minder hart reagierten in diesen Fällen die nationalsozialistischen Machtorgane. Die folgenden Einzelschicksale sind beispielhaft dafür, daß nicht das ganze deutsche Volk in Verblendung verharrte und Recht und Unrecht nicht mehr unterscheiden konnte. Es gab vor allem auch aufrichtige und mutige Juristen, die nicht – wie so viele – den bequemen Weg der Anpassung gingen.

Der Chefrichter des Heeres, *Dr. Karl Sack*, war ein solcher Richter. Schon im 1. Weltkrieg hat er als junger Assessor in Oberingelheim die Bevölkerung vor Übergriffen der Besatzungsmacht geschützt. Später – im Jahre 1938 – wurde er als Untersuchungsführer zum gewitzten und scharfsinnigen Gegenspieler der Geheimen Staatspolizei vor allem im Prozeß gegen den Generalobersten *von Fritsch* wegen des Vorwurfs homosexueller Handlungen. *Hitler* selbst war am Prozeßausgang besonders interessiert, weil er die »Säuberung« des Generalstabs von unbequemen Offizieren wollte. Dank der geschickten Untersuchungsführung wurde der Angeklagte wegen erwiesener Unschuld freigesprochen, weil der Nachweis gelang, daß das Belastungsmaterial gefälscht war. Trotz des Freispruches wurde *von Fritsch* seines Amtes enthoben und *Hitler* erhob in Erinnerung an diesen Fall nach den Ereignissen des 20. Juli 1944 den Vorwurf des Versagens der Wehrmachtsjustiz.
Dr. Sack versuchte als Chefrichter des Heeres in vielen Einzelfällen zu helfen und rechtsstaatlich zu handeln. Ein besonderes Vertrauensverhältnis verband ihn mit dem General *von Hase*, der als Kommandant von Berlin nach dem 20. Juli 1944 vom Volksgerichtshof zum Tode verurteilt wurde.[1]
Auch *Dr. Sack* wurde von der geheimen Staatspolizei verhaftet,

ohne Verurteilung durch den Volksgerichtshof am 4. Februar 1945 in das Konzentrationslager Flossenbürg verbracht und dort zusammen mit Admiral *Canaris*, Pastor *Bonhoeffer* und anderen am 9. April 1945 hingerichtet.[2]

Der Oberlandesgerichtsrat *Dr. Kurt Wolff*, Mitglied des juristischen Prüfungsamtes Köln, wurde aufgrund seiner Qualifikation am 31. Dezember 1932 zum Reichsgerichtsrat vorgeschlagen. Am 31. März 1933 wurde er gewaltsam aus einer Sitzung seines Senats herausgeholt und mit anderen jüdischen Leidensgefährten auf einem Müllabfuhrwagen stehend zum Gaudium der Straße unter Zurufen und Anspeien durch die Straßen der Stadt zum Polizeipräsidium gefahren. Dabei widersetzte er sich mit Erfolg dem Anlegen der Richterrobe. Er beschwerte sich am 4. April 1933 beim Präsidenten des Oberlandesgerichts Köln und konnte am 17. Juli 1933 seine richterliche Tätigkeit wieder aufnehmen.

Bereits am 16. Mai 1934 wurde er jedoch aufgrund des Gesetzes zur »Wiederherstellung des Berufsbeamtentums« als Landgerichtsrat an das Landgericht Köln versetzt und am 1. Oktober 1935 aufgrund des § 3 des Reichsbürgergesetzes (s. Anhang Nr. 7, S. 145) in den Ruhestand versetzt. Am 21. Oktober 1941 wurde er nach Litzmannstadt deportiert und im Juli 1942 in das Konzentrationslager Auschwitz, wo er umkam.

Landgerichtsrat *Dr. Willmar Hager* wurde bald nach seiner Ernennung zum Landgerichtsrat in Berlin zum Hilfsuntersuchungsrichter an den Volksgerichtshof berufen. Er gehörte zu den wenigen Richtern am Volksgerichtshof, die sich nicht nur von politischen, sondern in erster Linie von rechtlichen Gesichtspunkten haben leiten lassen. Nur ein Fall sei herausgegriffen:

1937 nahm die Geheime Staatspolizei in Nürnberg 70 Personen unter dem Verdacht der Vorbereitung eines hochverräterischen Unternehmens fest, u. a. auch die Professoren *Niekisch* und *Merkenschlager*. Es handelte sich um eine Widerstandsgruppe, die in einer eigenen Zeitschrift und in Versammlungen gegen den Nationalsozialismus Stellung bezog.

Im April 1937 wurde *Dr. Merkenschlager*, damals Regierungsrat an der agrikulturbotanischen Anstalt in München, verhaftet und zunächst nach Dachau gebracht. Nach Einleitung eines Verfahrens wegen Hochverrat kam er in das Gefängnis nach Berlin-Moabit. Mit der Voruntersuchung wurde *Hager* beauftragt. Er veranlaßte die Untersuchung von *Merkenschlager* auf seinen Geisteszustand und seine Überführung in eine Heilanstalt. Daraufhin wurde er für haftunfähig erklärt und aus der Untersuchungshaft entlassen. Dadurch überlebte er das Dritte Reich und konnte nach dem Kriege seine Professur weiter ausüben. Wie der Volksgerichtshof ansonsten bei psychopathischen Störungen und Geisteskrankheiten verfahren ist, zeigt das Urteil vom 31. August 1942 gegen den Emigranten *Schubert* (siehe S. 55). Auch *Hager* überlebte und war nach dem Zusammenbruch als Rechtsanwalt und Notar in Usingen (Taunus) tätig.[3]

Friedrich Justus *Perels* machte 1936 sein Assessorexamen und schloß sich aufgrund seiner christlichen Grundhaltung der »Bekennenden Kirche« an. Als Justitiar galt seine Arbeit der Kirche im Kampf gegen die von Bischof *Müller* geführte Reichskirchenregierung. Er kämpfte für die Rechtsstellung der Kirche, die ihre Legitimität nicht vom Staat, sondern von Gott herleitet. Sehr bald kam er in Fühlung mit Gruppen der Widerstandsbewegung. Er half Bedrängten, vor allem auch Juden, die er versteckte und denen er zur Flucht verhalf. Unter dem Vorwurf, von dem Attentat des 20. Juli 1944 gewußt zu haben, wurde er verhaftet und am 2. Februar 1945 vom Volksgerichtshof unter dem Vorsitz *Freislers* zum Tode verurteilt.[4]

In der Verhandlung anwortete *Perels* auf die Feststellung *Freislers*: »Nach dem Kriege wird die Kirche abgeschafft«, mutig und ruhig: »Das glaube ich nicht, die Kirche bleibt, ob Sie wollen oder nicht«.

Am 22. April 1945 wurde *Perels* zusammen mit anderen Häftlingen auf dem Weg zum Potsdamer Bahnhof durch Genickschuß getötet. Das Urteil gegen *Perels* war das letzte aus dem Munde *Freislers*. Einen Tag später, am 3. Februar 1945, wurde *Freisler* wahrscheinlich bei einem Luftangriff amerikanischer Bomber auf Berlin in den Kellerräumen des Volksgerichtshofs – mit den Prozeßakten des Widerstandskämpfers Fabian *von Schlabrendorff* in den Händen – durch einen herabstürzenden Balken getötet.[5]*

* Über *Freislers* Tod gibt es allerdings verschiedene Versionen: Als am 3. Februar 1945 in Berlin Fliegeralarm gegeben wurde, soll *Freisler* noch im Reichsjustizministerium in der Wilhelmstraße gewesen sein. Er habe sofort zum Volksgerichtshof zurückfahren wollen. Unterwegs soll eine Bombe das Fahrzeug getroffen und *Freisler* getötet haben.[6]
Im Hof des Volksgerichts hat *Oberstabsarzt Dr. Schleicher* den Tod *Freislers* aufgrund eines Bombensplitters festgestellt.[7]
Schleicher befand sich auf dem Weg zu seinem tags zuvor von *Freisler* (zusammen mit *Klaus Bonhoeffer, Friedrich Perels* u. a.) zum Tode verurteilten Bruder, dem Ministerialrat im Reichsluftfahrtministerium *Rüdiger Schleicher* und wurde gegen Ende des Angriffs aus einem U-Bahntunnel am Potsdamer Platz zum nahegelegenen Volksgerichtshof geholt. *Schleicher* soll sich allerdings geweigert haben, den Totenschein auszustellen und wollte den Reichsjustizminister sprechen. *Dr. Thierack* sei über den Bericht sehr bestürzt gewesen und habe sofort versprochen, die Vollstreckung des Todesurteils gegen den Bruder *Schleichers* auszusetzen und das Urteil selbst – nach Einreichung eines Gnadengesuches – zu überprüfen. Dazu kam es jedoch nicht mehr. Die Verurteilten wurden in der Nacht vom 22. auf 23. April 1945 erschossen.

Deutsche Justiz
Rechtspflege und Rechtspolitik

Herausgeber: Der Reichsminister der Justiz

13. Jahrgang   Berlin, den 16. Februar 1945   Ausgabe A Nr. 3

Roland Freisler ✠

Am 3. Februar 1945 fiel bei einem Terrorangriff auf die Reichshauptstadt der Präsident des Volksgerichtshofs, NSKK.-Brigadeführer Dr. jur. Roland Freisler. Mit Roland Freisler verliert die deutsche Rechtspflege einen ihrer hervorragendsten Vorkämpfer für die Neugestaltung unseres Rechts im Sinne der nationalsozialistischen Weltanschauung.

Schon vor der Machtübernahme galt ihm als alten Marschierer der Bewegung als höchstes Ziel seines Weltanschauungskampfes die Beseitigung überholten liberalistischen Rechtsdenkens und die Schaffung eines nationalsozialistischen deutschen Volksrechts. Hierfür ist er in Wort und Schrift immer wieder eingetreten und verstand es vor allem durch seine leidenschaftliche, von innerer Überzeugungskraft durchdrungene und kompromißlose Art des Vortrages, diesem Gedanken Geltung zu verschaffen.

Von 1933 an in der Justizverwaltung an verantwortlicher Stelle stehend, hatte Dr. Freisler rechtsschöpferisch und rechtsgestaltend einen erheblichen Anteil daran, daß sich die nationalsozialistische Rechtsauffassung im deutschen Rechtsleben durchsetzen konnte. Als er im Sommer 1942 zum Präsidenten des höchsten politischen Gerichts berufen wurde, hat er mit der gleichen Überzeugungstreue und fanatischen Entschlossenheit als Nationalsozialist sein schweres und verantwortungsvolles Amt als deutscher Richter ausgeübt, das Schicksal des Einzelnen wägend, das Wohl der Gesamtheit über alles stellend. So wird der Name und die Persönlichkeit Roland Freislers als eines aufrechten Nationalsozialisten und Rechtswahrers mit dem Kampf um die nationalsozialistische Weltanschauung, der zugleich ein Kampf um ein wahres deutsches Recht war und ist, stets auf das engste verbunden bleiben.

Präsident Dr. Freisler wurde am 30. Oktober 1893 in Celle geboren. Nach dem Assessorexamen im Jahre 1923 ließ er sich nach kurzer richterlicher Tätigkeit in Kassel als Rechtsanwalt nieder. 1933 wurde Dr. Freisler als Ministerialdirektor in das Preußische Justizministerium berufen und dort alsbald zum Staatssekretär ernannt. Nach der Übernahme der Justiz auf das Reich wurde er Staatssekretär im Reichsjustizministerium. Im August 1942 berief ihn der Führer zum Präsidenten des Volksgerichtshofs.

Schon Ende 1923 schloß Dr. Freisler sich der Bewegung an; war 1924 in Kassel Stadtverordneter, wurde später Kommunallandtags- und Provinziallandtagsabgeordneter, 1930 Mitglied des Preußischen Landtages und war seit der Machtübernahme Mitglied des Reichstages und preußischer Staatsrat. Dr. Freisler war Träger des Goldenen Ehrenzeichens der NSDAP. Der Akademie für Deutsches Recht gehörte er als Präsidialmitglied an, war in der Internationalen Rechtskammer Vizepräsident und Vorsitzender der Generalsektion Recht und Rechtspflege.

Am Weltkrieg nahm Dr. Freisler als Kriegsfreiwilliger teil, wurde bei Langemarck verwundet und erhielt das EK. II.

Gerhard Meyer, Senator für Justiz, Berlin

Nachwort: Für immer ehrlos?

Die Tätigkeit des Volksgerichtshofs, des höchsten deutschen Tribunals im Dritten Reich, hat dem Ansehen der deutschen Justiz schwer geschadet. Die Aufgabe des Volksgerichtshofs bestand nicht darin, rechtzusprechen, sondern die Gegner des Nationalsozialismus zu vernichten.
Die Schlußformel unter den Todesurteilen des Volksgerichtshofs (VGH) lautete fast ausnahmslos:
»*Für immer ehrlos wird der Angeklagte zum Tode bestraft.*«
35 Jahre nach dem Krieg läuft die deutsche Justiz Gefahr, mit diesem Attribut selbst belegt zu werden, wenn es ihr nicht gelingt, dieses dunkle Kapitel ihrer justitiellen Vergangenheit aufzuarbeiten.
Es muß daher versucht werden, Versäumtes – soweit jetzt überhaupt noch möglich – nachzuholen.
Mit der am 25. 10. 1979 durch den Generalstaatsanwalt bei dem Kammergericht Berlin in Übereinstimmung mit mir angeordneten Wiederaufnahme der Ermittlungen gegen ehemalige Angehörige des Volksgerichtshofs wegen Mordes wird ein letzter Versuch unternommen. Ob am Ende dieses Verfahrens die deutsche Justiz von dem ihr häufig gemachten Vorwurf, sie habe sich nach dem Kriege selbst geschont, freigesprochen werden kann, ist noch ungewiß.
Die bisherigen Ermittlungen des bei der Staatsanwaltschaft bei dem Landgericht Berlin unter dem Aktenzeichen – 3 P (K) Js 6/79 – geführten Verfahrens haben zur Feststellung von 74 noch lebenden ehemaligen Angehörigen des VGH, darunter 11 Richter, 48 Staatsanwälte und 15 ehrenamtliche Richter, geführt. Ihr Geburtsjahr liegt zwischen 1888 und 1913. Sie sind also in einem Alter, in dem die Vollstreckung einer Strafe kaum noch als sinnvoll anzusehen ist.
Doch es geht nicht so sehr um eine Bestrafung, sondern um eine gerichtliche Schuldfeststellung, um die Feststellung, daß ein Großteil der Todesurteile des VGH nichts mit unabhängiger Rechtsprechung zu tun hatten, sondern Verbrechen waren. Meines Erachtens war der VGH, insbesondere in den Jahren

1942 bis 1945, als er arbeitstäglich im Durchschnitt 10 Todesurteile produzierte, kein ordentliches Gericht im Sinne des § 1 GVG (Gerichtsverfassungsgesetz), sondern nur noch eine Todesmaschinerie. Er war eine Waffe in der Auseinandersetzung mit dem Gegner des totalitären Staates.

Zwar wird man dem VGH nicht von Anfang an die Eigenschaft eines Gerichts absprechen können, obwohl auch hier Zweifel angebracht sind.

Der spätere Reichsjustizminister *Dr. Thierack* erklärte 1936 als Präsident des Volksgerichtshofs, der Gerichtshof habe die Aufgabe, ein scharfes Instrument in der Bekämpfung der schwersten Verbrechen zu sein, die ein auf den Treuegedanken aufgebautes völkisches Staatswesen überhaupt kenne. Eine ähnliche Auffassung vertrat der Vizepräsident des Volksgerichtshofs, *Engert*, als er 1939 erklärte, von allen Richtern und von allen Vertretern der Anklagebehörde des Gerichtshofes sei zu verlangen, daß sie in erster Linie Politiker und dann erst Richter seien.

Eine zeitliche Zäsur zu bestimmen, ist sicher schwierig. Zumindest aber in den letzten drei Jahren seines Bestehens hat sich der Volksgerichtshof so weit von den unerläßlichen Grundsätzen eines unabhängigen, nur dem Gesetz unterworfenen Gerichts entfernt, daß er nicht mehr als Gericht im Sinne des § 1 GVG gelten kann. In dieser Zeit diente er nur dem Zweck, die Gesinnungsgegner des Nationalsozialismus unter dem Schein der Gesetzmäßigkeit zu vernichten. Nicht das Gesetz war für den Volksgerichtshof bei der Verhandlung und Urteilsfindung maßgebend, sondern das Ziel der totalen Vernichtung des Regimegegners.

Erste Ermittlungen in den 60er Jahren

Nach dem Kriegsende bis Ende 1965 wurden bei den Staatsanwaltschaften der Bundesrepublik gegen 61 716 Beschuldigte Ermittlungen wegen Verdachts der Beteiligung an NS- und Kriegsverbrechen geführt. Davon wurden 6 115 rechtskräftig verurteilt. Ein rechtskräftiges Urteil gegen ehemalige Angehörige des Volksgerichtshofs war nicht darunter. Bis heute wurde kein einziger ehemaliger Berufsrichter, ehrenamtlicher Richter oder Staatsanwalt von einem Gericht der Bundesrepu-

blik wegen der Beteiligung an Todesurteilen rechtskräftig verurteilt.
Soweit mir bekannt, wurde nur ein einziger Richter des VGH, der frühere Kammergerichtsrat *Hans-Joachim Rehse*, je vor ein Gericht der Bundesrepublik gestellt. Er starb vor dem rechtskräftigen Abschluß des Verfahrens. Die Ermittlungen gegen den ehemaligen Beisitzer des Freislerschen Ersten Senats des VGH, dem er von 1941 bis 1945 angehörte, begannen 1962.
Im Jahre 1964 erstattete *Dr. Robert Kempner*, der frühere Chefankläger im Nürnberger Kriegsverbrecherprozeß, Strafanzeige bei der Staatsanwaltschaft beim Landgericht Berlin gegen die Beteiligten an der Verfolgung der Widerstandskämpfer des 20. Juli 1944 oder ihnen nahestehender Personen.
Rehse wirkte an mindestens 373 Urteilen mit, hierunter befanden sich 231 Todesurteile. Wegen sieben besonders krasser Fälle erhob die Staatsanwaltschaft beim Landgericht Berlin am 20. 1. 1967 Anklage gegen *Rehse*.
Sie legte ihm zur Last, in Berlin in den Jahren 1943 bis 1944 durch sieben selbständige Handlungen aus niedrigen Beweggründen in drei Fällen Menschen getötet und in vier Fällen zu töten versucht zu haben, indem er als berufsrichterlicher Beisitzer am VGH in sieben Strafverfahren der Verhängung der Todesstrafe zustimmte, die nachweislich in drei Fällen vollstreckt wurde (§§ 211, 43, 74 StGB a. F.).
Das Schwurgericht bei dem Landgericht Berlin verurteilte den damals 64jährigen *Rehse* am 3. Juli 1967 wegen Beihilfe zum Mord in drei Fällen und wegen Beihilfe zum versuchten Mord in vier Fällen zu fünf Jahren Zuchthaus. Dieses Urteil hob der 5. Strafsenat des Bundesgerichtshofs (BGH) am 30. April 1968 in einer knapp zweiseitigen Begründung auf und wies es zur neuen Verhandlung und Entscheidung an das Schwurgericht zurück.
Die Begründung setzt sich im wesentlichen mit der Frage auseinander, ob *Rehse* als Täter oder Gehilfe zu bestrafen sei. Als Mitglied eines Kollegialgerichts könne *Rehse* nicht Gehilfe, sondern nur Täter eines Tötungsverbrechens sein. Daraus folge, daß »der Angeklagte nur noch bestraft werden kann, wenn er selbst aus niedrigen Beweggründen für die Todesstrafe stimmte«. Zu Unrecht habe das Schwurgericht geglaubt, es komme nur auf die Beweggründe *Freislers* und darauf an, ob der Angeklagte sie kannte.

In dem Wiederholungsverfahren vor einem anderen Schwurgericht wurde *Rehse* am 6. Dezember 1968 freigesprochen.
Nach Auffassung des früheren Generalstaatsanwalts beim Kammergericht, *Günther*, »vollzieht dieser Freispruch voller Verständnis für die aus damaliger Sicht angeblich zu entschuldigende Praxis des VGH die inkriminierten Todesurteile, an denen *Rehse* als Beisitzer beteiligt war, gedanklich geradezu nach«.
Zwar legte die Staatsanwaltschaft bei dem Landgericht Berlin gegen dieses Urteil Revision ein. Das Verfahren wurde jedoch nie rechtskräftig abgeschlossen, da *Rehse* noch während des zweiten Revisionsverfahrens verstarb. Auf die Revisionsbegründung der StA vom 12. Mai 1969, in der auch zum ersten Mal dem VGH die Eigenschaft eines ordentlichen Gerichts abgesprochen wurde, werde ich noch eingehen.
Es hat den Anschein, als ob mit dem Freispruch von *Rehse* der Mut und die Entschlossenheit der Berliner Ermittlungsbehörden, Angehörige des VGH vor Gericht zu stellen, zeitweilig verlorenging.
Mit Verfügung vom 12. März 1971 stellte sie nach sieben Jahren Ermittlungstätigkeit das auf Initiative von *Dr. Kempner* wegen Verdachts des Mordes im Zusammenhang mit den Ereignissen des 20. Juli 1944 eingeleitete Verfahren ein. In dem Bescheid heißt es gleichsam resignierend:

> »Die Erkenntnisse aus dem Strafverfahren gegen den verstorbenen ehemaligen Beisitzer im Ersten Senat des Volksgerichtshofs, Rehse – sowie aus anderen Ermittlungsverfahren gegen Richter und Staatsanwälte beim damaligen Volksgerichtshof – haben gezeigt, daß es auch bei offenkundig unmenschlichen Todesurteilen unter Berücksichtigung der höchstrichterlichen Rechtsprechung und der noch zur Verfügung stehenden Beweismittel im allgemeinen nicht mehr gelingt, die Einlassung der Beschuldigten zu widerlegen, sie seien von der Schuld des Angeklagten und von der Richtigkeit ihres Urteils überzeugt gewesen.«

Der zweite Versuch

Acht Jahre später unternahm *Dr. Kempner* einen neuen Versuch, die Ermittlungen gegen ehemalige Richter am VGH wieder in Gang zu bringen. Er stellte am 18. März 1979 Strafanzeige beim Generalstaatsanwalt beim Landgericht gegen »sämtliche Verdächtige, die an Verfahren des nazistischen Volksgerichtshofs nach dem 20. Juli 1944 ggf. schon vorher beteiligt waren«. Er stützte sich dabei auf einen vom Reichspropagandaministerium gedrehten Film »*Verräter vor dem Volksgerichtshof*«, der aus guten Gründen nie öffentlich aufgeführt wurde. Der Film beschäftigt sich mit dem Prozeßverlauf vor dem Ersten Strafsenat des Volksgerichtshofs unter dem Vorsitz von *Freisler* im August 1944 in dem Verfahren gegen die Widerstandskämpfer.

Die Staatsanwaltschaft Berlin stellte das Verfahren am 26. Juni 1979 unter Bezugnahme auf ihren früheren Bescheid aus dem Jahre 1971 und dem Hinweis ein, der Film bringe »keine neuen Erkenntnisse«. *Freisler* sei neben den damaligen Angeklagten im Film die einzige agierende Person. Bei den Beisitzern und dem Oberreichsanwalt seien keine Regungen erkennbar. Die innere Einstellung dieser Personen sei aus dem vorhandenen Filmmaterial nicht nachprüf- und nachvollziehbar.

Auf meine Anregung nahm die Staatsanwaltschaft beim Landgericht Berlin die Ermittlungen im Oktober 1979 wieder auf.

Erfolgsaussichten der zweiten Wiederaufnahme der Ermittlungen

Ausschlaggebend war die Überzeugung, daß das *Rehse*-Urteil vom 30. April 1968, was die Einschätzung des VGH als angeblich »ordentliches« Gericht betrifft, an der historischen Wahrheit vorbeigeht. Schließlich unterliegen auch höchstrichterliche Entscheidungen dem Wandel der Zeit. Es besteht meines Erachtens die Chance für neuere Überlegungen, auch im Hinblick auf ein möglicherweise gewandeltes Geschichtsbewußtsein.

Schließlich hat sich der BGH in der Entscheidung von 1968 mit dieser Frage nur beiläufig und ohne nähere Begründung beschäftigt.

Dabei ist der 3. Strafsenat des BGH in einer früheren Entscheidung mit dem Volksgerichtshof weniger schonend umgegangen. Nach seiner Auffassung habe das Verhalten des VGH in einzelnen Fällen mit Rechtsprechung nichts mehr zu tun gehabt.

»Es habe sich vielmehr um eine Ausnutzung gerichtlicher Formen zur widerrechtlichen Tötung gehandelt. Eine derartige Rechtsanwendung habe nur noch der Vernichtung des politischen Gegners gedient und ihr wahres Wesen als Terrorinstrument enthüllt.«

Diese Einschätzung ist auch aus einem weiteren Urteil des Bundesgerichtshofs vom 7. Dezember 1956 ersichtlich, das zwar nicht die Tätigkeit des VGH sondern die der Standgerichte unmittelbar vor dem Zusammenbruch 1945 zum Gegenstand hat, dessen Ausführungen jedoch als allgemeingültig anzusehen sind. Es heißt dort:

> »Wer gar nicht rechtsprechen will und die Formen der richterlichen Tätigkeit nur zur Erreichung anderer, sachfremder Ziele benutzt, kann sich nicht darauf berufen, daß er sich – äußerlich gesehen – an die bestehenden Gesetze gehalten habe; denn dies ist bei einer solchen inneren Haltung nur zum Schein geschehen.«

Kommt man zu dem Schluß, daß der Volksgerichtshof nicht Gericht im Sinne des § 1 GVG war, so sind die ehemaligen Angehörigen dieses Tribunals nach Rechtsgrundsätzen und Maßstäben zu beurteilen, die für die Verfolgung von NS-Gewaltverbrechen allgemein gelten. Diese Argumentation würde den Streit, ob die extensive Auslegung des § 336 StGB (Rechtsbeugung) und das damit verbundene Richterprivileg gerechtfertigt sind oder nicht, entbehrlich machen.

Rechtsbeugung – ein Richterprivileg?

Nach der Entscheidung des BGH vom 7. 12. 1956 soll ein Richter wegen Mordes nur bestraft werden können, wenn ihm zugleich eine Rechtsbeugung mit unbedingtem Vorsatz nachgewiesen werden kann, d. h. ein Richter kann nur dann wegen Mordes bestraft werden, wenn er davon überzeugt war, daß die Anwendung einer bestimmten Rechtsnorm rechtswidrig war. Aufgrund der hierdurch aufgestellten hohen Anforderungen an die subjektive Tatseite sahen die Strafverfolgungsbehörden fast keine Möglichkeit, einem Richter seine Schuld nachzuweisen, auch wenn er wegen nichtigster Anlässe (z. B. wegen eines politischen Witzes) die Todesstrafe verhängt hätte. Sinn der geforderten Auslegung des § 336 StGB durch den Bundesgerichtshof war eigentlich die Sicherung der richterlichen Unab-

hängigkeit. Daß von dieser fast vollkommenen Freistellung von jeder Verantwortlichkeit gerade jene politisch verblendeten und fanatischen Richter profitierten, bei denen von Unabhängigkeit gerade keine Rede sein konnte, hat den BGH nicht beschäftigt. Hier wird offenbar von einem reinen Rechtspositivismus ausgegangen, der die Rechtsprechung im Dritten Reich nur daran mißt, ob den bestehenden Gesetzen gemäß gehandelt wurde. Daß Gesetzgeber Verbrecher und Gesetze verbrecherisch sein können und daß die Anwendung solcher Gesetze verbrecherisch sein kann und geahndet werden muß, schien unbekannt zu sein. Es ist auch nicht berücksichtigt worden, daß bei dieser Auslegung Rechtsblindheit zwar den Richter, nicht jedoch den juristischen Laien entschuldigt. Dies hat in der Vergangenheit dazu geführt, daß KZ-Wärter, die im Glauben an die Verbindlichkeit von Hitler-Befehlen, Juden getötet haben, wegen Mordes bestraft wurden, während Richter, die wegen eines politischen Witzes die Todesstrafe verhängten, straffrei blieben. Heißt das, daß ein Richter, welches Gesetz unter welcher Staats- und Herrschaftsform auch immer er anwendet, nie für die Folgen seines Handelns zur Verantwortung gezogen werden kann, wenn er nur subjektiv davon überzeugt war, es handele sich um eine gültige Rechtsnorm?
Es kann nicht angehen, daß ein Richter kein Unrecht tun kann, solange er nur davon überzeugt ist, den Willen des Staates als Gesetzgeber auszuführen. Diese formale Argumentation bedeutet im Falle der extremen Perversion einer Rechtsordnung und des Mißbrauchs der Staatsautorität, wie es im Dritten Reich der Fall war, die Selbstaufgabe für Richter und Recht.
Für die Richter der Bundesrepublik Deutschland läßt der demokratische Gesetzgeber im übrigen durch die Neufassung des § 336 StGB ab 1975 den bedingten Vorsatz ausreichen.
Der Streit um bedingten oder unbedingten Vorsatz bei Rechtsbeugung, Richterprivileg ja oder nein, ist aber entbehrlich, wenn, wie bereits oben erwähnt, nachgewiesen werden kann, daß der Volksgerichtshof kein ordentliches Gericht im Sinne des Gerichtsverfassungsgesetzes war. Dafür sprechen zahlreiche Gründe. Einige habe ich bereits genannt. Weitere kommen noch hinzu.

VGH als ordentliches Gericht?

In ihrer Revisionsbegründung vom März 1969 wies auch die Staatsanwaltschaft beim Landgericht darauf hin, daß die Richter des VGH nicht als unabhängige, nur dem Gesetz unterworfene Richter anzusehen seien. In dem freisprechenden Urteil vom 6. 12. 1968 heißt es hierzu:
> »Denn nach der Rechtsprechung des BGH handelte es sich bei dem VGH um ein unabhängiges, nur dem Gesetz unterworfenes Gericht im Sinne des Gerichtsverfassungsgesetzes. Das Schwurgericht folgt dieser Rechtsprechung, weil es in der sich auch auf diese Frage erstreckenden Beweisaufnahme keine Tatsachen festgestellt hat, die eine andere Auffassung rechtfertigen. Die Staatsanwaltschaft hat den Charakter des Volksgerichtshofs als eines Gerichtes im Sinne des § 1 GVG ebenfalls ausdrücklich nicht in Zweifel gezogen. Auf den Angeklagten sind deshalb die Grundsätze anzuwenden, die sich allgemein aus den Rechten und Pflichten eines Richters ergeben.«

Es wäre nicht uninteressant zu erfahren, an welchen Tatsachen das Gericht in der Beweisaufnahme die Frage der Unabhängigkeit des VGH festgemacht hat.
Nach Ansicht von *Dr. Kempner* sollen die Widerstandskämpfer des 20. Juli 1944 durch den VGH *nicht zum Tode verurteilt*, sondern aufgrund von Führerbefehlen *ermordet* worden sein, wobei der Volksgerichtshof als verlängerter Arm von *Hitler* und *Goebbels* fungiert haben soll. 1947 bekannte ein ehemaliger Richter des VGH vor dem Nürnberger Gerichtshof, der Sinn des Volksgerichtshofes habe nicht darin bestanden, irgendwelche Verbrechen zu bestrafen, sondern eher darin, eine Opposition zunichte zu machen, die den deutschen Zielen gefährlich werden konnte. Noch deutlicher brachte es *Goebbels* in einer Rede vor dem VGH zum Ausdruck, als er sagte, nicht vom Gesetz sei auszugehen, sondern dem Entschluß, »der Mann muß weg«, und Reichsanwalt *Parrisius* formulierte, »Aufgabe des Volksgerichtshofs ist es nicht, rechtzusprechen, sondern die Gegner des Nationalsozialismus zu vernichten.«
Abgesehen von der Einbindung des VGH in die politischen Zielvorstellungen des Nationalsozialismus ergeben sich Zweifel an der Unabhängigkeit des VGH auch aufgrund seines Aufbaus, seiner Zusammensetzung und seiner Arbeitsweise.

Unabhängiges Gericht?

Ein Senat beim Volksgerichtshof war besetzt mit zwei Berufsrichtern und drei von Hitler auf Vorschlag des Reichsjustizministers berufenen Laienrichtern, bei denen es sich ausschließlich um linientreue Gefolgsleute handelte. Zuverlässig und geeignet auf der Grundlage des nationalsozialistischen Gedankenguts mußten auch die beiden Berufsrichter sein, zumal seit dem Reichstagsbeschluß vom 26. April 1942 nur noch politisch zuverlässige Richter geduldet wurden.

Dieser Beschluß gab Hitler als obersten Gerichtsherr das Recht, die Richter mit allen ihm geeignet erscheinenden Mitteln zur Erfüllung ihrer Pflichten anzuhalten. Er war außerdem befugt, jeden Richter ohne Einhaltung eines vorgeschriebenen Verfahrens aus seinem Amt zu entfernen.

Welchem Richter ein Angeklagter zugeführt wurde, entschied die Reichsanwaltschaft nach politischem Gutdünken. Jeder Angeklagte lief damit Gefahr, von dem gefürchteten Ersten Strafsenat abgeurteilt zu werden. Der Grundsatz des gesetzlichen Richters wurde so zu einer Farce.

Nur dem Gewissen verantwortlich?

Auch die 1937 eingeführte Meldepflicht der Gerichte gegenüber der Gestapo, die für die meisten entlassenen Häftlinge den sicheren Tod durch Abschiebung in die KZ's bedeutete, ist kaum ein Musterbeispiel für den nur seinem Gewissen verantwortlichen Richter.

Die Willfährigkeit gegenüber dem Regime zeigte sich meines Erachtens besonders kraß seit 1942, als *Freisler* den Vorsitz des Ersten Strafsenats übernahm. Die Zahl der Todesurteile schnellte noch im gleichen Jahr auf 1 192 gegenüber 263 im Vorjahr.

Nach Stalingrad übertrug *Hitler* dem Volksgerichtshof die Aburteilung wegen sogenannter defätistischer Äußerungen, auch Wehrkraftzersetzung genannt. Die entsprechenden Bestimmungen wurden bald zu einem Tummelplatz für Denunzianten und Provokateure. Die Todesurteile erreichten im Jahre 1944 die Zahl 2 097, d. h. von den 4 379 vor dem VGH im Jahre 1944 Angeklagten wurde fast jeder zweite hingerichtet. Indem die

Todesstrafe das häufigste Ende eines Verfahrens bildete, wurde der VGH in den Jahren 1942 bis 1945 quasi zur Massenexekutionsstätte für die kriegsüberdrüssige Bevölkerung. Selbst für Bagatellfälle verhängte der VGH die Todesstrafe. Obwohl der Strafrahmen für Wehrkraftzersetzung oder Feindbegünstigung sich zwischen einem Tag und der Todesstrafe bewegte, sprach er fast stereotyp die Todesstrafe aus. Die Prüfung eines minder schweren Falles wurde überwiegend entweder ganz unterlassen oder mit einer den Angeklagten herabwürdigenden Begründung und beißendem Hohn verneint.

Es sind nicht erst aufgrund der Menschenrechtskonvention Artikel IV Ziff. 8 grausame oder übermäßig hohe Strafen verboten. Als ungeschriebenes Naturrecht galt dieser Rechtsgrundsatz schon vor der NS-Zeit. Den Richtern am Volksgerichtshof war er offenbar unbekannt.

Nach alledem bin ich der Auffassung, daß die Ansicht, bei dem Volksgerichtshof habe es sich um ein ordentliches Gericht im Sinne des § 1 Gerichtsverfassungsgesetz gehandelt, und seine Richter waren unabhängig und nur dem Gesetz verantwortlich, nicht aufrechterhalten werden kann.

Ende und Erfolgsaussichten der Ermittlungen

Zum gegenwärtigen Zeitpunkt ist ein Abschluß der strafrechtlichen Ermittlungen noch nicht abzusehen. Die Gesamtzahl aller am VGH tätig gewesenen Personen beläuft sich auf 570; davon sind 173 nachweislich und 34 vermutlich verstorben. Die 74 bereits festgestellten Beschuldigten haben über 2120 Angeklagte befunden, 936 der Angeklagten wurden zum Tode verurteilt.

Die Sammlung und Auswertung der Todesurteile des VGH ist noch nicht abgeschlossen. Im Wege der Rechtshilfe werden auch VGH-Unterlagen vom Deutschen Zentralarchiv in Potsdam und vom Generalstaatsanwalt der DDR beigezogen. Bisher sind rd. 1000 VGH-Urteile bekannt.

Über die einzelnen Rechtsprobleme, nicht zuletzt über die Frage, inwieweit ein Berufsrichter, ehrenamtlicher Richter oder Staatsanwalt als Täter, Gehilfe oder Anstifter selbst aus niedrigen Beweggründen im Sinne von § 211 StGB gehandelt hat, kann erst nach Auswertung sämtlicher in Betracht kommender Todesurteile entschieden werden.

Kein Pensionsanspruch bei Beteiligung an einem Todesurteil

Im Gegensatz zur Strafgerichtsbarkeit kann der Verwaltungsgerichtsbarkeit sicher nicht vorgeworfen werden, sie habe gegen ehemalige Angehörige des VGH nichts unternommen. Bereits Anfang der 60er Jahre wurden zahlreichen Berufsrichtern und ehrenamtlichen Richtern sowie Staatsanwälten von den zuständigen Verwaltungsbehörden mit der Begründung, sie hätten maßgeblich an Todesurteilen des VGH mitgewirkt und dadurch gegen die Grundsätze der Menschlichkeit und Rechtsstaatlichkeit verstoßen, die Pension bzw. ihren Witwen die Renten entzogen. Die in vielen Fällen angerufenen Verwaltungsgerichte haben fast ausnahmslos die Entscheidungen der Verwaltungsbehörden bestätigt. Behörden und Gerichte stützten sich dabei auf § 3 Satz 1 Nr. 3 a des Gesetzes zur Regelung der Rechtsverhältnisse der unter Artikel 131 Grundgesetz fallenden Personen. Aufgrund von Artikel 131 GG wurden alle Beamtenrechtsverhältnisse, die am 8. Mai 1945 bestanden haben, aufgrund der Rechtsprechung des Bundesverfassungsgerichts mit rückwirkender Kraft auf diesen Zeitpunkt für erloschen erklärt. Ob ihre Rechte weiter bestanden oder nicht, ergab sich aus dem hierzu erlassenen Regelungsgesetz. Nach § 3 Satz 1 Nr. 3 a dieses Gesetzes konnten diejenigen keine Rechte daraus herleiten, »die durch ihr Verhalten während der Herrschaft des Nationalsozialismus gegen die Grundsätze der Menschlichkeit oder Rechtsstaatlichkeit verstoßen haben.« In seinem Urteil vom 18. Oktober 1966 wies das Bundesverwaltungsgericht die Klage eines ehemaligen hauptberuflichen Beisitzers am Volksgerichtshof, der die Zubilligung der Rechte aus dem Gesetz zu Artikel 131 GG zu erreichen suchte, mit folgender Begründung ab:

» ... Die nachteiligen Rechtsfolgen dieser Vorschrift treffen denjenigen, der während der Herrschaft des Nationalsozialismus gegen die Grundsätze der Menschlichkeit oder Rechtsstaatlichkeit verstoßen hat, allein deswegen, weil er durch sein Verhalten die nationalsozialistische Willkürherrschaft insgesamt gefördert und deshalb am Zusammenbruch und an seinen Folgen verantwortlich mitgewirkt hat. ... Das Gesetz zu Artikel 131 GG enthält keine Regelung, welche die richterliche Amtstätigkeit allgemein von der Anwendung des § 3 Satz 1 Nr. 3 a G 131 ausnimmt oder den Rechtsausschluß davon abhängig macht, daß die Richter sich bei ihrer richterlichen Tätigkeit einer wissentlichen Rechtsbeugung schuldig gemacht haben. ... Zum anderen waren die Grundsätze der Menschlichkeit und der Rechtsstaatlichkeit auch während der Herrschaft des Nationalsozialismus für den Staat, seine Organe und seine Bürger verbindlich; auch die NS-Machthaber vermochten trotz fortwährender Verstöße gegen die Grundsätze diese selbst nicht wirksam zu beseitigen. Von der selbstverständlichen Verpflichtung, diese Grundsätze in seinen Entscheidungen zu wahren und kraft seiner richterlichen Unabhängigkeit zur Geltung zu bringen, war ein Richter auch in der NS-Zeit und sogar in der Ausnahmesituation des letzten Krieges nicht entbunden.«

Das Bundesverwaltungsgericht geht auch darauf ein, daß das Verbot übermäßig hoher Strafe von jeher ein ungeschriebener Grundsatz des deutschen Strafrechts gewesen sei und fährt fort:

»Er ist insbesondere dann verletzt, wenn die Strafe ohne Rücksicht auf Art und Ausmaß der Schuld des Angeklagten als Mittel zur Einschüchterung oder zur Vernichtung politisch Andersdenkender mißbraucht wird. Ein solcher Strafausspruch stellt eine bewußte Benutzung der Formen des Gerichtsverfahrens zur Erreichung von Zwecken dar, die mit Recht und Gerechtigkeit nichts mehr zu tun haben.«

Die Beteiligung an einem einzigen Todesurteil war für das Bundesverwaltungsgericht ausreichend, wenn der Betreffende sich mit der Rechtsprechung des Volksgerichtshofs identifizierte. Als Hinweis dafür wertete er Mitwirkung an mehreren anstößigen Urteilen des Volksgerichtshofs, Einberufung zum Volksgerichtshof nach vorheriger Tätigkeit bei Sondergerichten, längere Dienstleistung und Bewährung beim Volksgerichtshof, Verlängerung einer Abordnung an den Volksgerichtshof, Unterlassung eines zumutbaren Versuchs, sich der weiteren Dienstleistung beim Volksgerichtshof zu entziehen. Schließlich heißt es in dem Urteil:

»Als Richter mit einer langjährigen, bis in die Zeit vor 1933 zurückreichenden Berufserfahrung hätte er erkennen können und müssen, daß seine Mitwirkung an solchen Urteilen, wie sie vom Volksgerichtshof ... gefällt worden sind, in erheblichem Maße gegen seit jeher allgemein anerkannte Grundsätze der Menschlichkeit und der Rechtsstaatlichkeit verstieß.«

Daß auch ehrenamtliche Richter und Reichsanwälte des Volksgerichtshofs nachträglich für ihre Mitwirkung an unzumutbaren Todesurteilen einstehen mußten, zeigen zwei weitere Urteile des Bundesverwaltungsgerichts vom 26. 1. 1967 und 21. 5. 1970. Beide enthalten eine abwertende Würdigung der Rechtsprechung des Volksgerichtshofes.

Schlußbetrachtungen

Die Einschätzung der Tätigkeit am VGH und an den Sondergerichten durch das Bundesverwaltungsgericht hat jedoch nicht automatisch dazu geführt, daß alle ehemaligen Angehörigen dieser Gerichte, die an rechtswidrigen Todesurteilen mitgewirkt haben, nach dem Krieg nicht mehr im öffentlichen Dienst beschäftigt wurden bzw. ihre Pensionsansprüche verloren. Entschieden wurden immer nur Einzelfälle, wenn und soweit sie bekannt wurden.
Aus den wieder aufgenommenen Ermittlungen ist bekannt, daß einige der als lebend festgestellten ehemaligen Richter und Staatsanwälte auch nach dem Krieg im Justizdienst tätig waren. Heute ist aus Altersgründen keiner mehr im öffentlichen Dienst.
Es erhebt sich die Frage, ob es nicht Anliegen aller staatlichen Stellen sein sollte, die Vergangenheit im Interesse der Hinterbliebenen der Opfer und dem Interesse der ehemaligen Angehörigen des VGH und der Sondergerichte offenzulegen und zu prüfen, ob und inwieweit »Unrecht« in Form des Richterspruchs geschah. Eine solche Prüfung ist schon deshalb erforderlich, um eine pauschale, unterschiedslose moralische Verurteilung aller ehemaligen Angehörigen am VGH zu vermeiden.
Zwar werden viele sagen, laßt doch die Vergangenheit ruhen. Ich meine, die Vergangenheit darf nicht ruhen, solange das Unrecht, das »im Namen des deutschen Volkes« gesprochen wurde, nicht offengelegt und soweit noch möglich gesühnt wurde.
Auch heute – 35 Jahre nach dem Krieg – ist es dazu noch nicht zu spät.

Anmerkungen

Das teilweise unveröffentlichte Quellenmaterial ist in folgenden Archiven auffindbar: Bundesarchiv Koblenz (BA), Archiv des Bundesjustizministeriums (BJM), Archiv des Instituts für Zeitgeschichte (IfZ), Document Center Berlin (DC).

Einleitung

1 So Reichsanwalt *Parrisius* in seiner Festrede zum vierjährigen Bestehen des Volksgerichtshofs.

Die nationalsozialistische Rechtsauffassung

1 Insoweit kann nur auf die hierzu bereits vorhandene Literatur verwiesen werden, s. auch Literaturverzeichnis
2 Die Reichstagsrede Hitlers vom 26. April 1942 ist auszugsweise abgedruckt in der Dokumentation von *Ilse Staff*, Justiz im Dritten Reich, 1978, S. 95 ff.
3 Der Beschluß ist im Reichsgesetzblatt veröffentlicht, RGBl. 1942, S. 247
4 abgedruckt bei *Ilse Staff* a. a. O. S. 67
5 Deutsche Justiz 1934, S. 302
6 Deutsches Recht 1936, S. 10
7 s. *Walther Hofer*, Der Nationalsozialismus, Dokumente 1933–1945, Aufl. 1965, S. 105
8 s. *Hubert Schorn*, Der Richter im Dritten Reich, Geschichte und Dokumente, 1959, S. 80; *Walther Hofer* a. a. O. S. 102
9 in einer Rede vor Gemeinschaftsleitern des Hanns-Kerrl-Lagers in Jüterbog, s. *Ilse Staff* a. a. O. S. 122
10 Die gesellschaftlichen und politischen Zustände in Frankreich vor und nach 1789, geschrieben 1836, zit. bei *Ilse Staff* a. a. O. S. 4
11 Vgl. im einzelnen *Ilse Staff* a. a. O. S. 147 f.

Der Volksgerichtshof: Entstehung, Organisation, Aufgabe

1 *Adolf Hitler*, Mein Kampf, 2. Band, 9. Kapitel
2 Deutsches Recht 1934, S. 19; Juristische Wochenschrift 1934, S. 24;

vgl. auch *Walter Wagner*, Der Volksgerichtshof im nationalsozialistischen Staat, 1974, Anlage 2, S. 868
3 *Walter Wagner* a. a. O. S. 17
4 Süddeutsche Zeitung v. 13. 5. 1980
5 Vgl. im einzelnen *Walter Wagner* a. a. O. S. 23 ff.
6 Bayer. Verwaltungsgerichtshof, Urteil v. 28. 4. 1967, Nr. 242 III 65
7 Die statistische Zusammenstellung beruht auf den Berichten der Präsidenten des Volksgerichtshofs an das Reichsministerium. Vgl. im einzelnen auch bei *Düsing*, Abschaffung der Todesstrafe, 1952, S. 209 ff. und bei *Bucheit*, Richter in roter Robe, 1968, S. 111 ff.; vgl. auch *Walter Wagner* a. a. O., Anlagen 32 und 33, S. 944 ff. und Herders Staatslexikon, Bd. 8, 1963, Spalte 338
8 *Walter Wagner* a. a. O., S. 11 f.
9 *William L. Shirer*, Aufstieg und Fall des Dritten Reiches, Knaur 1963, S. 1122
10 Nürnberger Dokumente NG-866 im Archiv des Instituts für Zeitgeschichte; vgl. auch *Gribbohm*, Deutsche Richterzeitung 1970, S. 88
11 *Lutz Graf Schwerin von Krosigk*, Es geschah in Deutschland, 1952, S. 223
12 *Irmgard von der Lühe*, Elisabeth von Thadden, Ein Schicksal unserer Zeit, 1966, S. 257
13 *Walter Wagner* a. a. O., S. 26
14 Rednerdienst der Reichslehrgemeinschaft Partei- und Wehrmachtschulung, Nr. 24/25 vom 1. Dezember 1944
15 Archiv des Bundesjustizministeriums (Ordner 564, Bd. 2 des Reichsjustizministeriums)
16 *Walter Wagner* a. a. O., S. 47

Die Meckerer, Hetzer und Ewiggestrigen

1 s. *Walther Hofer*, Der Nationalsozialismus, Dokumente 1933–1945, Aufl. 1965, S. 27
2 Az.: 1 L 16/44. Das Urteil ist teilweise auch bei *Walter Wagner* a. a. O., Anlage 11, S. 887 ff., abgedruckt
3 Deutsche Justiz 1933, S. 381; vgl. auch *Hubert Schorn*, Der Richter im Dritten Reich, Geschichte und Dokumente, 1959, S. 76
4 Urteil des Bayer. Verwaltungsgerichtshofs v. 24. 7. 1961, Az.: 249 III 65; die von *Dr. Koehler* wegen der Nichtzulassung der Revision erhobene Beschwerde zog er jedoch wieder zurück, weshalb das Bundesverwaltungsgericht das Verfahren einstellte
5 Bekanntgabe in Deutsche Justiz 1942, S. 721–724
6 Az.: 2 L 106/43; abgedruckt bei *Walter Wagner*, Der Volksgerichts-

hof im nationalsozialistischen Staat, 1974, Anlage 11 Nr. 2, S. 889
7　Bundesgerichtshof, amtl. Entscheidungssammlung für Strafsachen (BGHSt.), Bd. 1, S. 136 und 308
8　BGHSt. Bd. 3, S. 118/119
9　BGHSt. Bd. 2, S. 173; Nürnberger Juristenurteil, S. 79
10　BGHSt. Bd. 10, S. 301 mit weiteren Nachweisen
11　BGHSt. Bd. 3, S. 127; Bd. 4, S. 70; Bd. 9, S. 307; vgl. auch *Hubert Schorn*, S. 72 ff.
12　Az.: 3 H 60/42
13　Leipziger Kommentar zum Strafgesetzbuch, Aufl. 1944, Anm. II zu § 91 b
14　Az.: 1 H 266/42
15　Az.: 2 H 153/43
16　Az.: 1 H 328/42
17　Az.: 1 H 106/1943
18　Az.: 1 H 158/43
19　Az.: 1 L 50/43
20　Az.: 1 H 253/43

Die Urteile unter den Anmerkungen 14–19 sind teilweise abgedruckt auch bei *Walter Wagner*, a. a. O., S. 251, 285 f., 400 ff.

Die »Untermenschen«

1　*Adolf Hitler*, Monologe im Führerhauptquartier 1941–1944, Die Aufzeichnungen Heinrich Heims, herausgegeben von Werner Jochmann, 1980, S. 377
2　*Walther Hofer*, Der Nationalsozialismus, Dokumente 1933–1945, Aufl. 1957, S. 280
3　Az: 1 H 24/42; abgedruckt in: Deutsches Recht 1942, S. 721
4　Az.: 1 H 189/42
5　Az.: 5 L 66/42
6　Urteil des Bayer. Verwaltungsgerichtshofs v. 28. 4. 1967, Az.: 242 III 65; die gegen die Nichtzulassung der Revision erhobene Beschwerde wurde wieder zurückgenommen.
7　Darüber hinaus hat die Polenstrafrechtsverordnung auf die anfangs November 1941 erfolgte Tat des Angeklagten nicht *rückwirkend* angewendet werden dürfen. Das Reichsgericht (Urteil vom 23. 12. 1933 – I-86-12 M 42/33, Reichstagsbrandprozeß –) hat zwar entschieden, daß gegen die Anwendung des Gesetzes vom 29. 3. 1933 (lex van der Lubbe), das die rückwirkende Verhängung der Todesstrafe für Taten zwischen dem 31. 1. und 28. 2. 1933 normiert hat, keine Bedenken bestehen, obwohl diese Frage strittig war. Nach Auffassung des Reichsgerichts sollte das damals in § 2 StGB

(später § 2 a StGB) niedergelegte Verbot der Rückwirkung eines Strafgesetzes jedoch für die Frage der *Strafbarkeit* einer Tat – nullum crimen sine lege – nach wie vor Bedeutung haben. Nur für die Frage der *Strafe* – nulla poena sine lege – sollte dieses Verbot nicht gelten. Es hätte deshalb eingehend geprüft werden müssen, ob die in Art. I der Verordnung zur Ergänzung der Polenstrafrechtsverordnung vom 31. 1. 1942 (siehe Anhang 9, S. 147) normierte Rückwirkung rechtmäßig erfolgt ist.

Der Widerstand

1 *Halder*, Hitler als Feldherr, 1949, S. 50 ff.; vgl. auch *William L. Shirer*, Aufstieg und Fall des Dritten Reiches, Knaur 1963, S. 971
2 *Erwin Rommel*, Krieg ohne Haß, herausgegeben von Lucie-Maria Rommel und Generalleutnant Fritz Bayerlein, 1950, S. 268
3 *Shirer* a. a. O. S. 974
4 Az.: 2 H 141/42 Urteil des Volksgerichtshofs v. 11. 8. 1942 gegen *Hübener* u. a., siehe *Walter Wagner*, Der Volksgerichtshof im nationalsozialistischen Staat, 1974, S. 200
5 *Inge Scholl*, Die weiße Rose, Frankfurt 1953; *Ricarda Huch*, Die Aktion der Münchener Studenten gegen Hitler, Gesammelte Werke Bd. 5, S. 970 ff.
6 *Inge Scholl* a. a. O. S. 103 ff.; *Walther Hofer*, Der Nationalsozialismus, Dokumente 1933–1945, 1957, S. 327 ff.
7 Az.: 1 H 47/43 und 1 H 101/43
8 *Walter Wagner* a. a. O. S. 203
9 *Walther Hofer* a. a. O. S. 330 ff.
10 Zeitschrift »europäische ideen«, Sonderheft Nr. 48 über Robert Havemann, 1980, herausgegeben von *Andreas W. Mytze*, S. 29 ff.
11 Az.: 1 H 305/43. Das Urteil war lange Zeit unbekannt. Erst im Januar 1980 wurde es vom Herausgeber der Zeitschrift »europäische Ideen«, *Andreas W. Mytze*, in London aufgefunden. Havemann hatte im Jahre 1946 das Urteil in Berlin einem Freund übergeben. Seitdem war es verschollen. In den »europäischen Ideen« 1980, Heft 48, S. 20 ff. wurde es erstmals veröffentlicht.
12 *Robert Havemann*, Zehn Thesen zum 30. Jahrestag der DDR, Berlin 1979, abgedruckt in den »europäischen ideen« a. a. O. S. 33 ff.
13 So im einzelnen der ebenfalls frühere Mithäftling Walter Uhlmann in seinen Berichten »Havemann im Hitler-Zuchthaus« und »Drahtlose Nachrichten, Illegale Informationen im Zuchthaus Brandenburg-Görden«, abgedruckt in der Zeitschrift »europäische ideen«, 1980, Heft 48, S. 16 ff. und S. 40 ff.; in diesem Heft sind auch

Faksimiles der »Drahtlosen Nachrichten« Havemanns enthalten, die sein alter Freund und Kampfgefährte Edu Wald aufbewahrt hat.
14 Zit. bei *William L. Shirer*, S. 1121
15 Zit. bei *Eberhard Zeller*, Geist der Freiheit, München, S. 142
16 Shirer. a. a. O. S. 1122 ff.
17 Abgedruckt bei *Günter Fraschka*, 20. Juli 1944, 1961, S. 13 ff. und *Walther Hofer* a. a. O., S. 350 ff.
18 *Walther Hofer* a. a. O. S. 333 ff.
19 Az.: 1 L 316/44
20 *Walther Hofer* a. a. O. S. 356
21 *Walther Hofer* a. a. O. S. 335 f.
22 Az.: 1 L 439/44 und 397/44; das Urteil befindet sich im Archiv des Instituts für Zeitgeschichte, Signatur Fa 117/15; s. auch *Walter Wagner* a. a. O. Anlage 29, S. 933 ff.

Richter im Widerstand

1 Az.: OJs 1/44 gRs
2 *Gerhard Ritter*, Carl Goerdeler und die deutsche Widerstandsbewegung, München 1964, S. 369, 441
3 Vgl. bei *Hubert Schorn*, Der Richter im Dritten Reich, Geschichte und Dokumente, 1959, S. 188 ff. mit weiteren eindrucksvollen Beispielen
4 *Walter Wagner* a. a. O., S. 814
5 *Walther Hofer* a. a. O., S. 356
6 Aussage *Fabian von Schlabrendorffs* im Verfahren gegen den ehemaligen Richter am Volksgerichtshof *Rehse*; s. *Die Welt* v. 23. 6. 1967 und *Buchheit*, Richter in roter Robe, München 1968, S. 174
7 *Eberhard Bethge*, Dietrich Bonhoeffer. Eine Biographie, München 1967, S. 1022 f.

Abkürzungsverzeichnis

a. a. O.	am angegebenen Ort
Anm.	Anmerkung
Art.	Artikel
Aufl.	Auflage
Az.	Aktenzeichen. Bei den zitierten Aktenzeichen des Volksgerichtshofs (z. B. 1 H 189/42) bezeichnet die Zahl vor dem Buchstaben den jeweiligen Senat; H = Hochverrat; L = Landesverrat; die übrigen Zahlen bezeichnen die Nr. des konkreten Falles und die Jahreszahl
Bd.	Band
BGH	Bundesgerichtshof
BGHSt	Amtliche Entscheidungssammlung des Bundesgerichtshofs in Strafsachen
DDR	Deutsche Demokratische Republik
DJ	Deutsche Justiz, NS-Fachzeitschrift
DR	Deutsches Recht, NS-Fachzeitschrift
DRiZ	Deutsche Richterzeitung
EK	Eisernes Kreuz
E. U.	Europäische Union
Gestapo	Geheime Staatspolizei
GG	Grundgesetz
GVG	Gerichtsverfassungsgesetz
HJ	Hitlerjugend
i. G.	im Generalstab
KPC	Kommunistische Partei der Tschechoslowakei
KPD	Kommunistische Partei Deutschlands
KSSVO	Kriegssonderstrafrechtsverordnung
KZ	Konzentrationslager
MBliV	Ministerialblatt des Reichs- und preußischen Innenministeriums
NJW	Neue Juristische Wochenschrift
NS	Nationalsozialismus
NSDAP	Nationalsozialistische Deutsche Arbeiter Partei
NSKK	Nationalsozialistisches Kraftfahrerkorps
NSRB	Nationalsozialistischer Rechtswahrerbund
RAD	Reichsarbeitsdienst
RGBl.	Reichsgesetzblatt
RM	Reichsmark
(R)StGB	(Reichs-)Strafgesetzbuch
S.	Seite

SA	Sturmabteilung der NSDAP
SAP	Sozialistische Arbeiterpartei
SPD	Sozialdemokratische Partei Deutschlands
SS	Schutzstaffeln der NSDAP
StPO	Strafprozeßordnung
VGH	Volksgerichtshof
vgl.	vergleiche
VO	Verordnung

Literaturverzeichnis

Anderbrügge, Klaus: Völkisches Rechtsdenken; Zur Rechtslehre in der Zeit des Nationalsozialismus, Berlin 1978
Arendt, Hannah: Elemente und Ursprünge totalitärer Herrschaft, Frankfurt 1958
Bauer, Fritz: Die Wurzeln faschistischen und nationalsozialistischen Handelns, Frankfurt 1956
Bracher, Karl Dietrich: Die Auflösung der Weimarer Republik. Eine Studie zum Problem des Machtverfalls in der Demokratie, Vill. 1960
Bracher, Karl Dietrich: Die deutsche Diktatur; Entstehung, Struktur, Folgen des Nationalsozialismus, Köln, Berlin 1970
Broszat, Martin: Zur Perversion der Strafjustiz im Dritten Reich, Vierteljahreshefte für Zeitgeschichte 1958, S. 390 ff.
Bucheit, Gert: Richter in roter Robe; Freisler, Präsident des Volksgerichtshofs, München 1968
Buchheim/Broszat/Jacobsen/Krausnick: Anatomie des SS-Staates, 2 Bde., Freiburg 1965
Deuerlein, Ernst: Der Aufstieg der NSDAP in Augenzeugenberichten, München 1974
»europäische ideen« 1980, Heft 48, Robert Havemann 70, herausgegeben von Andreas W. Mytze
Fraschka, Günter: 20. Juli 1944, Rastatt 1961
Ger van Roon: Neuordnung im Widerstand, München 1967
Haffner, Sebastian: Anmerkungen zu Hitler, München 1978
Hannover, Heinrich und Elisabeth: Politische Justiz 1918–1933, Frankfurt 1966
Havemann, Robert: Ein deutscher Kommunist; Rückblicke und Perspektiven aus der Isolation, Reinbek 1979
Heiber, Helmut: Zur Justiz im Dritten Reich, Vierteljahreshefte für Zeitgeschichte 1955, S. 275 ff.
Henkys, Reinhard: Die nationalsozialistischen Gewaltverbrechen, Stuttgart, Berlin 1964
Hippel, Fritz von: Die Perversion von Rechtsordnungen, Tübingen 1955
Hitler, Adolf: Mein Kampf, 2 Bände, München 1925 und 1927
Hitler, Adolf: Monologe im Führerhauptquartier 1941–1944, herausgegeben von *Werner Jochmann*, Hamburg 1980
Hofer, Walther: Der Nationalsozialismus, Dokumente 1933–1945, Frankfurt 1957
Hoffmann, Peter: Widerstand, Staatsstreich, Attentat, München 1969
Huch, Ricarda: Die Aktion der Münchener Studenten gegen Hitler, in: Gesammelte Werke, Bd. 5, S. 970 ff.

Jäger, Herbert: Verbrechen unter totalitärer Herrschaft; Studien zur nationalsozialistischen Gewaltkriminalität, Olten 1967
Kempner, Benedicta Maria: Priester vor Hitlers Tribunalen, München 1966
Kempner, Robert: Mord im Gerichtssaal; Ein Kapitel NS-Justiz, in: Recht und Politik 1968, S. 95 ff.
Kraus, Herbert: Das Urteil von Nürnberg 1946, Dokumente, München 1962
Mommsen, Hans: Gesellschaftsbild und Verfassungspläne des deutschen Widerstandes, in: Der deutsche Widerstand gegen Hitler, Köln 1966
Müller, Christian: Oberst i. G. Stauffenberg, Düsseldorf 1970
Petry, Christian: Studenten aufs Schafott; Die weiße Rose und ihr Scheitern, München 1968
Pirker, Theo: Die Moskauer Schauprozesse 1936–1938, München 1963
Poliakov, Leon und Wulf, Josef: Das Dritte Reich und seine Diener, Berlin 1959
Ritter, Gerhard: Carl Goerdeler und die deutsche Widerstandsbewegung, Stuttgart 1954
Rothfels, Hans: Deutsche Opposition gegen Hitler, Tübingen 1958 und 1969
Rückert, Adalbert: Die Strafverfolgung von NS-Verbrechen 1945–1978, Heidelberg und Karlsruhe 1979
Scholl, Inge: Die weiße Rose, Frankfurt 1953
Schorn, Hubert: Der Richter im Dritten Reich, Frankfurt 1959
Shirer, William L.: Aufstieg und Fall des Dritten Reiches, München und Zürich 1963
Sontheimer, Kurt: Antidemokratisches Denken in der Weimarer Republik; Die politischen Ideen des deutschen Nationalsozialismus zwischen 1918 und 1933, München 1968
Staff, Ilse: Justiz im Dritten Reich; Eine Dokumentation, Frankfurt 1978
»Der Unrechtsstaat«, Recht und Justiz im Nationalsozialismus, herausgegeben von der Redaktion *»Kritische Justiz«*, Sonderheft, Frankfurt 1979
Wagner, Albrecht: Die Umgestaltung der Gerichtsverfassung und des Verfahrens- und Richterrechts im nationalsozialistischen Staat, Stuttgart 1968
Wagner, Walter: Der Volksgerichtshof im nationalsozialistischen Staat, Stuttgart 1974
Weinkauff, Hermann: Die deutsche Justiz und der Nationalsozialismus, Stuttgart 1968

Anhang

1. Ermächtigungsgesetz v. 24. 3. 1933 (Gesetz zur Behebung der Not von Volk und Reich), Reichsgesetzblatt I, S. 141

[...]

Artikel 1

Reichsgesetze können außer in dem in der Reichsverfassung vorgesehenen Verfahren auch durch die Reichsregierung beschlossen werden. Dies gilt auch für die in den Artikeln 85 Abs. 2 und 87 der Reichsverfassung bezeichneten Gesetze.

Artikel 2

Die von der Reichsregierung beschlossenen Reichsgesetze können von der Reichsverfassung abweichen, soweit sie nicht die Einrichtung des Reichstags und des Reichsrats als solche zum Gegenstand haben. Die Rechte des Reichspräsidenten bleiben unberührt.

Artikel 3

Die von der Reichsregierung beschlossenen Reichsgesetze werden vom Reichskanzler ausgefertigt und im Reichsgesetzblatt verkündet. Sie treten, soweit sie nichts anderes bestimmen, mit dem auf die Verkündung folgenden Tage in Kraft. Die Artikel 68 bis 77 der Reichsverfassung finden auf die von der Reichsregierung beschlossenen Gesetze keine Anwendung.

[...]

2. Bildung des Volksgerichtshofs (Artikel III des Strafrechtsänderungsgesetzes v. 24. 4. 1934), Reichsgesetzblatt I, S. 345 f.

Volksgerichtshof

§ 1

(1) Zur Aburteilung von Hochverrats- und Landesverratssachen wird der Volksgerichtshof gebildet.
(2) Der Volksgerichtshof entscheidet in der Hauptverhandlung in der Besetzung von fünf Mitgliedern, außerhalb der Hauptverhandlung in der Besetzung von drei Mitgliedern, einschließlich des Vorsitzenden. Der Vorsitzende und ein weiteres Mitglied müssen die Befähigung zum Richteramt haben. Es können mehrere Senate gebildet werden.
(3) Anklagebehörde ist der Oberreichsanwalt.

§ 2

Die Mitglieder des Volksgerichtshofs und ihre Stellvertreter ernennt der Reichskanzler auf Vorschlag des Reichsministers der Justiz für die Dauer von fünf Jahren.

§ 3

(1) Der Volksgerichtshof ist zuständig für die Untersuchung und Entscheidung in erster und letzter Instanz in den Fällen des Hochverrats nach §§ 80 bis 84, des

Reichsgesetzblatt

Teil I

1933   Ausgegeben zu Berlin, den 28. Februar 1933   **Nr. 17**

Inhalt: Verordnung des Reichspräsidenten zum Schutz von Volk und Staat. Vom 28. Februar 1933...... S. 83

Verordnung des Reichspräsidenten zum Schutz von Volk und Staat. Vom 28. Februar 1933.

Auf Grund des Artikels 48 Abs. 2 der Reichsverfassung wird zur Abwehr kommunistischer staatsgefährdender Gewaltakte folgendes verordnet:

§ 1

Die Artikel 114, 115, 117, 118, 123, 124 und 153 der Verfassung des Deutschen Reichs werden bis auf weiteres außer Kraft gesetzt. Es sind daher Beschränkungen der persönlichen Freiheit, des Rechts der freien Meinungsäußerung, einschließlich der Pressefreiheit, des Vereins- und Versammlungsrechts, Eingriffe in das Brief-, Post-, Telegraphen- und Fernsprechgeheimnis, Anordnungen von Haussuchungen und von Beschlagnahmen sowie Beschränkungen des Eigentums auch außerhalb der sonst hierfür bestimmten gesetzlichen Grenzen zulässig.

§ 2

Werden in einem Lande die zur Wiederherstellung der öffentlichen Sicherheit und Ordnung nötigen Maßnahmen nicht getroffen, so kann die Reichsregierung insoweit die Befugnisse der obersten Landesbehörde vorübergehend wahrnehmen.

§ 3

Die Behörden der Länder und Gemeinden (Gemeindeverbände) haben den auf Grund des § 2 erlassenen Anordnungen der Reichsregierung im Rahmen ihrer Zuständigkeit Folge zu leisten.

§ 4

Wer den von den obersten Landesbehörden oder den ihnen nachgeordneten Behörden zur Durchführung dieser Verordnung erlassenen Anordnungen oder den von der Reichsregierung gemäß § 2 erlassenen Anordnungen zuwiderhandelt oder wer zu solcher Zuwiderhandlung auffordert oder anreizt, wird, soweit nicht die Tat nach anderen Vorschriften mit einer schwereren Strafe bedroht ist, mit Gefängnis nicht unter einem Monat oder mit Geldstrafe von 150 bis zu 15 000 Reichsmark bestraft.

Wer durch Zuwiderhandlung nach Abs. 1 eine gemeine Gefahr für Menschenleben herbeiführt, wird mit Zuchthaus, bei mildernden Umständen mit Gefängnis nicht unter sechs Monaten und, wenn die Zuwiderhandlung den Tod eines Menschen verursacht, mit dem Tode, bei mildernden Umständen mit Zuchthaus nicht unter zwei Jahren bestraft. Daneben kann auf Vermögenseinziehung erkannt werden.

Wer zu einer gemeingefährlichen Zuwiderhandlung (Abs. 2) auffordert oder anreizt, wird mit Zuchthaus, bei mildernden Umständen mit Gefängnis nicht unter drei Monaten bestraft.

§ 5

Mit dem Tode sind die Verbrechen zu bestrafen, die das Strafgesetzbuch in den §§ 81 (Hochverrat), 229 (Giftbeibringung), 307 (Brandstiftung), 311 (Explosion), 312 (Überschwemmung), 315 (Beschädigung von Eisenbahnanlagen), 324 (gemeingefährliche Vergiftung) mit lebenslangem Zuchthaus bedroht.

Mit dem Tode oder, soweit nicht bisher eine schwerere Strafe angedroht ist, mit lebenslangem Zuchthaus oder mit Zuchthaus bis zu 15 Jahren wird bestraft:

1. Wer es unternimmt, den Reichspräsidenten oder ein Mitglied oder einen Kommissar der Reichsregierung oder einer Landesregierung zu töten oder wer zu einer solchen Tötung auffordert, sich erbietet, oder ein solches Erbieten annimmt oder eine solche Tötung mit einem anderen verabredet;
2. wer in den Fällen des § 115 Abs. 2 des Strafgesetzbuchs (schwerer Aufruhr) oder des § 125 Abs. 2 des Strafgesetzbuchs (schwerer Landfriedensbruch) die Tat mit Waffen oder in bewußtem und gewolltem Zusammenwirken mit einem Bewaffneten begeht;
3. wer eine Freiheitsberaubung (§ 239) des Strafgesetzbuchs in der Absicht begeht, sich des der Freiheit Beraubten als Geisel im politischen Kampfe zu bedienen.

§ 6

Diese Verordnung tritt mit dem Tage der Verkündung in Kraft.

Berlin, den 28. Februar 1933.

Der Reichspräsident
von Hindenburg

Der Reichskanzler
Adolf Hitler

Der Reichsminister des Innern
Frick

Der Reichsminister der Justiz
Dr. Gürtner

Herausgegeben vom Reichsministerium des Innern. — Gedruckt in der Reichsdruckerei, Berlin.

Landesverrats nach §§ 89 bis 92, des Angriffs gegen den Reichspräsidenten nach § 94 Abs. 1 des Strafgesetzbuchs und der Verbrechen nach § 5 Abs. 2 Nr. 1 der Verordnung des Reichspräsidenten zum Schutze von Volk und Staat vom 28. Februar 1933 (Reichsgesetzbl. I S. 83). In diesen Sachen trifft der Volksgerichtshof auch die im § 73 Abs. 1 des Gerichtsverfassungsgesetzes bezeichneten Entscheidungen.
[...]

4. Strafrechtsänderungsgesetz (Hoch- und Landesverrat, Feindbegünstigung) v. 24. 4. 1934, Reichsgesetzblatt I, S. 341 ff.

[...]

§ 80
Wer es unternimmt, mit Gewalt oder durch Drohung mit Gewalt das Reichsgebiet ganz oder teilweise einem fremden Staat einzuverleiben oder ein zum Reiche gehöriges Gebiet vom Reiche loszureißen, wird mit dem Tode bestraft.
Ebenso wird bestraft, wer es unternimmt, mit Gewalt oder durch Drohung mit Gewalt die Verfassung des Reichs zu ändern.

§ 81
Wer es unternimmt, den Reichspräsidenten oder den Reichskanzler oder ein anderes Mitglied der Reichsregierung seiner verfassungsmäßigen Gewalt zu berauben oder mit Gewalt oder durch Drohung mit Gewalt oder mit einem Verbrechen oder Vergehen zu nötigen oder zu hindern, seine verfassungsmäßigen Befugnisse überhaupt oder in einem bestimmten Sinne auszuüben, wird mit dem Tode oder mit lebenslangem Zuchthaus oder mit Zuchthaus nicht unter fünf Jahren bestraft.

§ 82
Wer ein hochverräterisches Unternehmen (§§ 80, 81) mit einem anderen verabredet, wird mit dem Tode oder mit lebenslangem Zuchthaus oder mit Zuchthaus nicht unter fünf Jahren bestraft.
Ebenso wird bestraft, wer zur Vorbereitung eines hochverräterischen Unternehmens zu einer ausländischen Regierung in Beziehungen tritt oder die ihm anvertraute öffentliche Macht mißbraucht oder Mannschaften anwirbt oder in den Waffen einübt. Tritt der Täter durch eine schriftliche Erklärung zu einer ausländischen Regierung in Beziehungen, so ist die Tat vollendet, wenn er die Erklärung abgesandt hat.
Nach der Vorschrift des Abs. 1 wird nicht bestraft, wer freiwillig seine Tätigkeit aufgibt und das hochverräterische Unternehmen verhindert; auch eine Bestrafung nach § 83 tritt nicht ein.

§ 83
Wer öffentlich zu einem hochverräterischen Unternehmen auffordert oder anreizt, wird mit Zuchthaus bis zu zehn Jahren bestraft.
Ebenso wird bestraft, wer ein hochverräterisches Unternehmen in anderer Weise vorbereitet.
Auf Todesstrafe oder auf lebenslanges Zuchthaus oder auf Zuchthaus nicht unter zwei Jahren ist zu erkennen, wenn die Tat

1. darauf gerichtet war, zur Vorbereitung des Hochverrats einen organisatorischen Zusammenhalt herzustellen oder aufrechtzuerhalten, oder
2. darauf gerichtet war, die Reichswehr oder die Polizei zur Erfüllung ihrer Pflicht untauglich zu machen, das Deutsche Reich gegen Angriffe auf seinen äußeren oder inneren Bestand zu schützen, oder
3. auf Beeinflussung der Massen durch Herstellung oder Verbreitung von Schriften, Schallplatten oder bildlichen Darstellungen oder durch Verwendung von Einrichtungen der Funkentelegraphie oder Funkentelephonie gerichtet war oder
4. im Auslande oder dadurch begangen worden ist, daß der Täter es unternommen hat, Schriften, Schallplatten oder bildliche Darstellungen zum Zwecke der Verbreitung im Inland aus dem Ausland einzuführen.

§ 84

In minder schweren Fällen kann im Falle des § 80 auf lebenslanges Zuchthaus oder auf Zuchthaus nicht unter fünf Jahren, in den Fällen der §§ 81 und 82 auf Zuchthaus nicht unter zwei Jahren, im Falle des § 83 auf Gefängnis nicht unter einem Jahr erkannt werden.

[...]

§ 89

Wer es unternimmt, ein Staatsgeheimnis zu verraten, wird mit dem Tode bestraft. Ist der Täter ein Ausländer, so kann auf lebenslanges Zuchthaus erkannt werden. Konnte die Tat keine Gefahr für das Wohl des Reichs herbeiführen, so kann auf lebenslanges Zuchthaus oder auf Zuchthaus nicht unter fünf Jahren erkannt werden.

§ 90

Wer es unternimmt, sich ein Staatsgeheimnis zu verschaffen, um es zu verraten, wird mit dem Tode oder mit lebenslangem Zuchthaus bestraft.
Auf zeitige Zuchthausstrafe kann erkannt werden, wenn die Tat keine Gefahr für das Wohl des Reichs herbeiführen konnte.

[...]

§ 90 c

Wer zu einer ausländischen Regierung oder zu einer Person, die für eine ausländische Regierung tätig ist, in Beziehungen tritt oder mit ihr Beziehungen unterhält, welche die Mitteilung von Staatsgeheimnissen oder von Gegenständen, Tatsachen oder Nachrichten der im § 90 a Abs. 2, 4 bezeichneten Art zum Gegenstande haben, wird mit Gefängnis bestraft.
Ebenso wird bestraft, wer für eine ausländische Regierung tätig ist und zu einem anderen in Beziehungen der im Abs. 1 bezeichneten Art tritt oder solche Beziehungen mit einem anderen unterhält.

[...]

§ 91

Wer mit dem Vorsatz, einen Krieg oder Zwangsmaßregeln gegen das Reich oder andere schwere Nachteile für das Reich herbeizuführen, zu einer ausländischen Regierung oder zu jemand, der für eine ausländische Regierung tätig ist, in Beziehungen tritt, wird mit dem Tode bestraft.
Wer mit dem Vorsatz, schwere Nachteile für einen Reichsangehörigen herbeizufüh-

ren, in Beziehungen der im Abs. 1 bezeichneten Art tritt, wird mit lebenslangem Zuchthaus oder mit Zuchthaus nicht unter fünf Jahren bestraft ...

§ 91 a

Ein Deutscher, der während eines Krieges gegen das Reich in der feindlichen Kriegsmacht dient oder gegen das Reich oder dessen Bundesgenossen die Waffen trägt, wird mit dem Tode oder mit lebenslangem Zuchthaus oder mit Zuchthaus nicht unter fünf Jahren bestraft.

§ 91 b

Wer im Inland oder als Deutscher im Ausland es unternimmt, während eines Krieges gegen das Reich oder in Beziehung auf einen drohenden Krieg der feindlichen Macht Vorschub zu leisten oder der Kriegsmacht des Reichs oder seiner Bundesgenossen einen Nachteil zuzufügen, wird mit dem Tode oder mit lebenslangem Zuchthaus bestraft. [...]

5. Kriegssonderstrafrechtsverordnung v. 17. 8. 1938 Reichsgesetzblatt I, S. 1455

[...]

§ 5
Zersetzung der Wehrkraft

(1) Wegen Zersetzung der Wehrkraft wird mit dem Tode bestraft:
1. wer öffentlich dazu auffordert oder anreizt, die Erfüllung der Dienstpflicht in der deutschen oder einer verbündeten Wehrmacht zu verweigern, oder sonst öffentlich den Willen des deutschen oder verbündeten Volkes zur wehrhaften Selbstbehauptung zu lähmen oder zu zersetzen sucht;
2. wer es unternimmt, einen Soldaten oder Wehrpflichtigen des Beurlaubtenstandes zum Ungehorsam, zur Widersetzung oder zur Tätlichkeit gegen einen Vorgesetzten oder zur Fahnenflucht oder unerlaubten Entfernung zu verleiten oder sonst die Mannszucht in der deutschen oder einer verbündeten Wehrmacht zu untergraben;
3. wer es unternimmt, sich oder einen anderen durch Selbstverstümmelung, durch ein auf Täuschung berechnetes Mittel oder auf andere Weise der Erfüllung des Wehrdienstes ganz, teilweise oder zeitweise zu entziehen.

(2) In minder schweren Fällen kann auf Zuchthaus oder Gefängnis erkannt werden.

(3) Neben der Todes- und der Zuchthausstrafe ist die Einziehung des Vermögens zulässig.

[...]

Vierte Verordnung zur Ergänzung der Kriegssonderstrafrechtsverordnung v. 31. 3. 1943, Reichsgesetzblatt I, S. 261

Auf Grund des § 10 der Verordnung über das Sonderstrafrecht im Kriege und bei besonderem Einsatz (Kriegssonderstrafrechtsverordnung) vom 17. August 1938 (Reichsgesetzbl. 1939 I S. 1455) wird verordnet:

Artikel 1

§ 5 a der Kriegssonderstrafrechtsverordnung erhält folgende Fassung:

§ 5 a

(1) Gegen Personen, die dem Kriegsverfahren unterliegen, kann wegen strafbarer Handlungen gegen die Manneszucht oder das Gebot des soldatischen Mutes unter Überschreitung des regelmäßigen Strafrahmens die Strafe bis zur Höchstgrenze der angedrohten Strafart erhöht oder auf zeitiges oder lebenslanges Zuchthaus oder auf Todesstrafe erkannt werden, wenn es die Aufrechterhaltung der Manneszucht oder die Sicherheit der Truppe erfordert.

(2) Das gleiche gilt für strafbare Handlungen, durch die der Täter einen besonders schweren Nachteil für die Kriegführung oder die Sicherheit des Reichs verschuldet hat, wenn der regelmäßige Strafrahmen nach gesundem Volksempfinden zur Sühne nicht ausreicht.

Artikel 2

Artikel 1 gilt auch für Taten, die vor dem Inkrafttreten dieser Verordnung begangen sind.

Fünfte Verordnung zur Ergänzung der Kriegssonderstrafrechtsverordnung vom 5. Mai 1944, Reichsgesetzblatt I, S. 115

Auf Grund des § 10 der Verordnung über das Sonderstrafrecht im Kriege und bei besonderem Einsatz (Kriegssonderstrafrechtsverordnung) vom 17. August 1938 (Reichsgesetzbl. 1939 I S. 1455) wird verordnet:

Artikel 1

§ 5 a der Kriegssonderstrafrechtsverordnung erhält folgende Fassung:

§ 5 a

Überschreitung des regelmäßigen Strafrahmens

(1) Bei allen Tätern, die durch eine vorsätzliche strafbare Handlung einen schweren Nachteil oder eine ernste Gefahr für die Kriegführung oder die Sicherheit des Reichs verschuldet haben, kann unter Überschreitung des regelmäßigen Strafrahmens die Strafe bis zur Höchstgrenze der angedrohten Strafart erhöht oder auf zeitiges oder lebenslanges Zuchthaus oder auf Todesstrafe erkannt werden, wenn der regelmäßige Strafrahmen nach gesundem Volksempfinden zur Sühne nicht ausreicht. Das gleiche gilt für alle fahrlässigen strafbaren Handlungen, durch die ein besonders schwerer Nachteil oder eine besonders ernste Gefahr für die Kriegführung oder die Sicherheit des Reichs verschuldet wurde.

(2) Bei strafbaren Handlungen gegen die Mannszucht oder das Gebot soldatischen Mutes kann der regelmäßige Strafrahmen ebenso überschritten werden, wenn es die Aufrechterhaltung der Mannszucht oder die Sicherheit der Truppe erfordert.

Artikel 2

Artikel 1 gilt auch für Taten, die vor dem Inkrafttreten dieser Verordnung begangen sind.

6. Aberkennung der bürgerlichen Ehrenrechte, Strafgesetzbuch für das deutsche Reich, Stand: 1941

§ 32
(1) Neben der Todesstrafe und der Zuchthausstrafe kann auf den Verlust der bürgerlichen Ehrenrechte erkannt werden, neben der Gefängnisstrafe nur, wenn die Dauer der erkannten Strafe drei Monate erreicht und entweder das Gesetz den Verlust der bürgerlichen Ehrenrechte ausdrücklich zuläßt oder die Gefängnisstrafe wegen Annahme mildernder Umstände an Stelle von Zuchthausstrafe ausgesprochen wird.

(2) Die Dauer dieses Verlustes beträgt bei zeitiger Zuchthausstrafe mindestens zwei und höchstens zehn Jahre, bei Gefängnisstrafe mindestens ein Jahr und höchstens fünf Jahre.

§ 33
Die Aberkennung der bürgerlichen Ehrenrechte bewirkt den dauernden Verlust der aus öffentlichen Wahlen für den Verurteilten hervorgegangenen Rechte, ingleichen den dauernden Verlust der öffentlichen Ämter, Würden, Titel, Orden und Ehrenzeichen.

§ 34
Die Aberkennung der bürgerlichen Ehrenrechte bewirkt ferner die Unfähigkeit, während der im Urteile bestimmten Zeit

1. die Landeskokarde zu tragen;
2. in das Reichsheer oder in die Reichsmarine einzutreten;
3. öffentliche Ämter, Würden, Titel, Orden und Ehrenzeichen zu erlangen;
4. in öffentlichen Angelegenheiten zu stimmen, zu wählen oder gewählt zu werden oder andere politische Rechte auszuüben;
5. Zeuge bei Aufnahmen von Urkunden zu sein;
6. Vormund, Gegenvormund, Pfleger, Beistand der Mutter, Mitglied eines Familienrats oder Kurator zu sein, es sei denn, daß es sich um Verwandte absteigender Linie handele und die obervormundschaftliche Behörde oder der Familienrat die Genehmigung erteile.

7. Reichsbürgergesetz v. 15. 9. 1935, Reichsgesetzblatt I, S. 1146

§ 1
(1) Staatsangehöriger ist, wer dem Schutzverband des Deutschen Reiches angehört und ihm dafür besonders verpflichtet ist.

(2) Die Staatsangehörigkeit wird nach den Vorschriften des Reichs- und Staatsangehörigkeitsgesetzes erworben.

§ 2
(1) Reichsbürger ist nur der Staatsangehörige deutschen oder artverwandten Blutes, der durch sein Verhalten beweist, daß er gewillt und geeignet ist, in Treue dem Deutschen Volk und Reich zu dienen.

(3) Der Reichsbürger ist der alleinige Träger der vollen politischen Rechte nach Maßgabe der Gesetze.

Dreizehnte Verordnung zum Reichsbürgergesetz v. 1. 7. 1943, Reichsgesetzblatt I, S. 372

Auf Grund des § 3 des Reichsbürgergesetzes vom 15. September 1935 (Reichsgesetzbl. I S. 1146) wird folgendes verordnet:

§ 1

(1) Strafbare Handlungen von Juden werden durch die Polizei geahndet.
(2) Die Polenstrafrechtsverordnung vom 4. Dezember 1941 (Reichsgesetzbl. I S. 759) gilt nicht mehr für Juden.

§ 2

(1) Nach dem Tode eines Juden verfällt sein Vermögen dem Reich.
(2) Das Reich kann jedoch den nichtjüdischen Erbberechtigten und Unterhaltsberechtigten, die ihren gewöhnlichen Aufenthalt im Inland haben, einen Ausgleich gewähren.
(3) Der Ausgleich kann durch einen Kapitalbetrag gewährt werden. Er darf die Höhe des Verkaufswertes des in die Verfügungsgewalt des Deutschen Reichs übergegangenen Vermögens nicht übersteigen.
(4) Der Ausgleich kann durch Überlassung von Sachen und Rechten aus dem übernommenen Vermögen gewährt werden. Für die hierfür erforderlichen Rechtshandlungen werden Gerichtsgebühren nicht erhoben.

§ 3

Der Reichsminister des Innern erläßt im Einvernehmen mit den beteiligten Obersten Reichsbehörden die zur Durchführung und Ergänzung dieser Verordnung erforderlichen Rechts- und Verwaltungsvorschriften. Hierbei bestimmt er, inwieweit diese Verordnung für Juden ausländischer Staatsangehörigkeit gilt.

[...]

8. Gesetz zum Schutze des deutschen Blutes und der deutschen Ehre v. 15. 9. 1935, Reichsgesetzblatt I, S. 1146 ff.

Durchdrungen von der Erkenntnis, daß die Reinheit des deutschen Blutes die Voraussetzung für den Fortbestand des Deutschen Volkes ist, und beseelt von dem unbeugsamen Willen, die Deutsche Nation für alle Zukunft zu sichern, hat der Reichstag einstimmig das folgende Gesetz beschlossen, das hiermit verkündet wird:

§ 1

(1) Eheschließungen zwischen Juden und Staatsangehörigen deutschen oder artverwandten Blutes sind verboten. Trotzdem geschlossene Ehen sind nichtig, auch wenn sie zur Umgehung dieses Gesetzes im Ausland geschlossen sind.
(2) Die Nichtigkeitsklage kann nur der Staatsanwalt erheben.

§ 2
Außerehelicher Verkehr zwischen Juden und Staatsangehörigen deutschen oder artverwandten Blutes ist verboten.

§ 3
Juden dürfen weibliche Staatsangehörige deutschen oder artverwandten Blutes unter 45 Jahren in ihrem Haushalt nicht beschäftigen.

§ 4
(1) Juden ist das Hissen der Reichs- und Nationalflagge und das Zeigen der Reichsfarben verboten.

(2) Dagegen ist ihnen das Zeigen der jüdischen Farben gestattet. Die Ausübung dieser Befugnis steht unter staatlichem Schutz.

§ 5
(1) Wer dem Verbot des § 1 zuwiderhandelt, wird mit Zuchthaus bestraft.

(2) Der Mann, der dem Verbot des § 2 zuwiderhandelt, wird mit Gefängnis oder mit Zuchthaus bestraft.

(3) Wer den Bestimmungen der §§ 3 oder 4 zuwiderhandelt, wird mit Gefängnis bis zu einem Jahr und mit Geldstrafe oder mit einer dieser Strafen bestraft.

[...]

9. Polenstrafrechtsverordnung (Verordnung über die Strafrechtspflege gegen Polen und Juden in den eingegliederten Ostgebieten) v. 4. 12. 1941, Reichsgesetzblatt I, S. 759 ff.

1. Sachliches Strafrecht

I.

(1) Polen und Juden haben sich in den eingegliederten Ostgebieten entsprechend den deutschen Gesetzen und den für sie ergangenen Anordnungen der deutschen Behörden zu verhalten. Sie haben alles zu unterlassen, was der Hoheit des Deutschen Reiches und dem Ansehen des deutschen Volkes abträglich ist.

(2) Sie werden mit dem Tode bestraft, wenn sie gegen einen Deutschen wegen seiner Zugehörigkeit zum deutschen Volkstum eine Gewalttat begehen.

(3) Sie werden mit dem Tode, in minder schweren Fällen mit Freiheitsstrafe bestraft, wenn sie durch gehässige oder hetzerische Betätigung eine deutschfeindliche Gesinnung bekunden, insbesondere deutschfeindliche Äußerungen machen oder öffentliche Anschläge deutscher Behörden oder Dienststellen abreißen oder beschädigen, oder wenn sie durch ihr sonstiges Verhalten das Ansehen oder das Wohl des Deutschen Reiches oder des deutschen Volkes herabsetzen oder schädigen.

(4) Sie werden mit dem Tode, in minder schweren Fällen mit Freiheitsstrafe bestraft,
1. wenn sie gegen einen Angehörigen der deutschen Wehrmacht oder ihres Gefolges, der deutschen Polizei einschließlich ihrer Hilfskräfte, des Reichsarbeitsdienstes, einer deutschen Behörde oder einer Dienststelle oder Gliederung der NSDAP eine Gewalttat begehen;

2. wenn sie Einrichtungen der deutschen Behörden oder Dienststellen oder Sachen, die deren Arbeit oder dem öffentlichen Nutzen dienen, vorsätzlich beschädigen;
3. wenn sie zum Ungehorsam gegen eine von den deutschen Behörden erlassene Verordnung oder Anordnung auffordern oder anreizen;
4. wenn sie die Begehung einer nach Abs. 2, 3 und 4 Nrn. 1 bis 3 strafbaren Handlung verabreden, in eine ernsthafte Behandlung darüber eintreten, sich zu ihrer Begehung erbieten oder ein solches Anerbieten annehmen oder wenn sie von einer solchen Tat oder ihrem Vorhaben zu einer Zeit, zu der die Gefahr noch abgewendet werden kann, glaubhafte Kenntnis erhalten und es unterlassen, der Behörde oder dem Bedrohten rechtzeitig Anzeige zu erstatten;
5. wenn sie im unerlaubten Besitz einer Schußwaffe, einer Handgranate, einer Hieb- oder Stoßwaffe, von Sprengmitteln, Munition oder sonstigem Kriegsgerät betroffen werden oder wenn sie glaubhafte Kenntnis davon erhalten, daß ein Pole oder Jude sich im unerlaubten Besitz eines solchen Gegenstands befindet, und es unterlassen, der Behörde unverzüglich Anzeige zu erstatten.,

II.

Polen und Juden werden auch bestraft, wenn sie gegen die deutschen Strafgesetze verstoßen oder eine Tat begehen, die gemäß dem Grundgedanken eines deutschen Strafgesetzes nach den in den eingegliederten Ostgebieten bestehenden Staatsnotwendigkeiten Strafe verdient.

III.

(1) Als Strafen werden gegen Polen und Juden Freiheitsstrafe, Geldstrafe oder Vermögenseinziehung verhängt. Freiheitsstrafe ist Straflager von drei Monaten bis zu zehn Jahren. In schweren Fällen ist Freiheitsstrafe verschärftes Straflager von zwei bis zu fünfzehn Jahren.
(2) Auf Todesstrafe wird erkannt, wo das Gesetz sie androht. Auch da, wo das Gesetz Todesstrafe nicht vorsieht, wird sie verhängt, wenn die Tat von besonders niedriger Gesinnung zeugt oder aus anderen Gründen besonders schwer ist; in diesen Fällen ist Todesstrafe auch gegen jugendliche Schwerverbrecher zulässig.
(3) Die in einem deutschen Strafgesetz bestimmte Mindestdauer einer Strafe und eine zwingend vorgeschriebene Strafe dürfen nicht unterschritten werden, es sei denn, daß sich die Straftat ausschließlich gegen das eigene Volkstum des Täters richtet.
(4) An Stelle einer nicht beitreibbaren Geldstrafe tritt Straflager von einer Woche bis zu einem Jahr.

V.

[...]

(2) Der Staatsanwalt kann die Anklage in allen Sachen vor dem Sondergericht erheben. Er kann die Anklage vor dem Amtsrichter erheben, wenn keine schwerere Strafe als fünf Jahre Straflager oder drei Jahre verschärftes Straflager zu erwarten ist.
(3) Die Zuständigkeit des Volksgerichtshofs bleibt unberührt.

VI.

(1) Jedes Urteil ist sofort vollstreckbar; jedoch kann der Staatsanwalt gegen Urteile

des Amtsrichters Berufung an das Oberlandesgericht einlegen. Die Berufungsfrist beträgt zwei Wochen.

(2) Auch das Beschwerderecht steht allein dem Staatsanwalt zu; über die Beschwerde entscheidet das Oberlandesgericht.

VII.

Polen und Juden können deutsche Richter nicht als befangen ablehnen.

VIII.

(1) Verhaftung und vorläufige Festnahme sind stets zulässig, wenn dringender Tatverdacht vorliegt.

(2) Im Vorverfahren kann auch der Staatsanwalt die Verhaftung und die sonst zulässigen Zwangsmittel anordnen.

IX.

Polen und Juden werden im Strafverfahren als Zeugen nicht beeidigt; auf eine unwahre uneidliche Aussage vor Gericht finden die Vorschriften über Meineid und Falscheid sinngemäß Anwendung.

X.

(1) Die Wiederaufnahme des Verfahrens kann nur der Staatsanwalt beantragen. Über Anträge auf Wiederaufnahme des Verfahrens gegen ein Urteil des Sondergerichts entscheidet dieses.

(2) Die Nichtigkeitsbeschwerde steht dem Generalstaatsanwalt zu; über sie entscheidet das Oberlandesgericht.

XI.

Polen und Juden können weder Privatklage noch Nebenklage erheben.

XII.

Gericht und Staatsanwalt gestalten das Verfahren auf der Grundlage des deutschen Strafverfahrensrechts nach pflichtgemäßem Ermessen. Sie können von Vorschriften des Gerichtsverfassungsgesetzes und des Reichsstrafverfahrensrechts abweichen, wo dies zur schnellen und nachdrücklichen Durchführung des Verfahrens zweckmäßig ist.

[...]

10. Vernichtung durch Arbeit

Bericht des Reichsjustizministers Dr. Thierack über eine Besprechung mit Himmler am 18. September 1942 (Nürnberger Prozesse, 1947, Bd. 26, S. 200, Dokumente 654 – PS):

»Besprochen wurden: Ausgleich zu milder Strafurteile durch polizeiliche Sonderbehandlung: Auslieferung asozialer Elemente (darunter grundsätzlich Juden, Zigeuner, Russen und Ukrainer) aus dem Strafvollzug an Himmler zur Vernichtung durch Arbeit; Rechtsprechung durch das Volk; die von Hitler angeordnete Prügelstrafe und andere Fragen.

Besprechung mit Reichsführer SS Himmler am 18. 9. 1942 in seinem Feldquartier in

Gegenwart des StS. Dr. Rothenberger, SS-Gruppenführer Streckenbach und SS-Obersturmbannführer Bender.
1. Korrektur bei nicht genügenden Justizurteilen durch polizeiliche Sonderbehandlung. Es wurde auf Vorschlag des Reichsleiters Bormann zwischen Reichsführer SS und mir folgende Vereinbarung getroffen:
   a) Grundsätzlich wird des Führers Zeit mit diesen Dingen überhaupt nicht mehr beschwert.
   b) Über die Frage, ob polizeiliche Sonderbehandlung eintreten soll oder nicht, entscheidet der Reichsjustizminister.
   c) Der Reichsführer SS sendet seine Berichte, die er bisher dem Reichsleiter Bormann zusandte, an den Reichsjustizminister.
   d) Stimmen die Ansichten des Reichsführers SS und des Reichsjustizministers überein, so wird die Angelegenheit zwischen ihnen erledigt.
   e) Stimmen beider Ansichten nicht überein, so wird die Meinung des Reichsleiters Bormann, der evtl. den Führer unterrichten wird, herbeigezogen.
   f) Soweit auf anderem Wege (etwa durch ein Schreiben des Gauleiters) die Entscheidung des Führers über ein mildes Urteil angestrebt wird, wird Reichsleiter Bormann den Bericht an den Reichsjustizminister weiterleiten. Die Angelegenheit wird sodann zwischen dem Reichsführer SS und dem Reichsminister der Justiz in vorbezeichneter Form erledigt werden.
2. Auslieferung asozialer Elemente aus dem Strafvollzug an den Reichsführer SS zur Vernichtung durch Arbeit. Es werden restlos ausgeliefert die sicherungsverwahrten Juden, Zigeuner, Russen und Ukrainer, Polen über 3 Jahre Strafe, Tschechen oder Deutsche über 8 Jahre Strafe nach Entscheidung des Reichsjustizministers. Zunächst sollen die übelsten asozialen Elemente unter letzteren ausgeliefert werden. Hierzu werde ich den Führer durch Reichsleiter Bormann unterrichten.«

Reichsgesetzblatt

Teil I

| 1942 | Ausgegeben zu Berlin, den 27. April 1942 | Nr. 44 |

Tag	Inhalt	Seite
26. 4. 42	Beschluß des Großdeutschen Reichstags vom 26. April 1942	247
27. 4. 42	Vierte Verordnung zur Durchführung und Ergänzung des Einsatz-Familienunterhaltsgesetzes (EFU-DV)	248
27. 4. 42	Verordnung zur Aufhebung der Verordnung über die Untersuchung von Fleisch und Fleischwaren aus dem Protektorat Böhmen und Mähren auf Trichinen	250

Beschluß des Großdeutschen Reichstags vom 26. April 1942.

Der Großdeutsche Reichstag hat in seiner Sitzung vom 26. April 1942, auf Vorschlag des Präsidenten des Reichstags, die vom Führer in seiner Rede in Anspruch genommenen Rechte einmütig durch nachfolgenden Beschluß bestätigt:

»Es kann keinem Zweifel unterliegen, daß der Führer in der gegenwärtigen Zeit des Krieges, in der das deutsche Volk in einem Kampf um Sein oder Nichtsein steht, das von ihm in Anspruch genommene Recht besitzen muß, alles zu tun, was zur Errringung des Sieges dient oder dazu beiträgt. Der Führer muß daher — ohne an bestehende Rechtsvorschriften gebunden zu sein — in seiner Eigenschaft als Führer der Nation, als Oberster Befehlshaber der Wehrmacht, als Regierungschef und oberster Inhaber der vollziehenden Gewalt, als oberster Gerichtsherr und als Führer der Partei jederzeit in der Lage sein, nötigenfalls jeden Deutschen — sei er einfacher Soldat oder Offizier, niedriger oder hoher Beamter oder Richter, leitender oder dienender Funktionär der Partei, Arbeiter oder Angestellter — mit allen ihm geeignet erscheinenden Mitteln zur Erfüllung seiner Pflichten anzuhalten und bei Verletzung dieser Pflichten nach gewissenhafter Prüfung ohne Rücksicht auf sogenannte wohlerworbene Rechte mit der ihm gebührenden Sühne zu belegen, ihn im besonderen ohne Einleitung vorgeschriebener Verfahren aus seinem Amte, aus seinem Rang und seiner Stellung zu entfernen.«

Im Auftrage des Führers wird dieser Beschluß hiermit verkündet.

Berlin, den 26. April 1942.

Der Reichsminister und Chef der Reichskanzlei

Dr. Lammers

12. Geschäftsverteilung des Volksgerichtshofs für 1945

Für 1945 verteile ich unsere Arbeit wie folgt:

A.

Der 1. Senat bearbeitet:
I. a) Angriffe auf den Führer,
   b) Angriffe auf leitende Männer des Staates, der Bewegung oder der Wehrmacht,
   c) Angriffe auf Deutsche im Ausland um ihres Deutschtums willen, um damit das Reich zu treffen, oder auf Repräsentanten des Reiches, soweit diese Angriffe über Wortangriffe hinausgehen;
   hierunter fallen auch alle Verbrechen gegen § 5 der Verordnung vom 28. 11. 1933.
II. Strafbare Handlungen aus Kreisen der Intelligenz oder der Wirtschaftsführung.
III. Strafbare Handlungen von Deutschen aus dem Elsaß, aus Luxemburg, Untersteiermark oder Ober-Krain und Straftaten in diesen Gebieten.
IV. Strafbare Handlungen Deutscher in Böhmen und Mähren.
V. Marxistischer Hochverrat aus Berlin und den Gauen Mark Brandenburg, Danzig-Westpreußen, Wartheland und Oberschlesien sowie dem Generalgouvernement.
VI. Nicht marxistischer Hochverrat, jedoch mit Ausnahme des separatistischen, soweit er die Alpen- und Donaugaue oder Bayern betrifft.
VII. Defaitismus, Zersetzung und vorsätzliche Wehrdienstentziehung (§ 5 KSSVO) aus den Gauen Berlin, Mark Brandenburg, Pommern, Ostpreußen, Mecklenburg und den Reichsgauen Danzig-Westpreußen, Wartheland, Nieder- und Oberschlesien und Sudentenland und dem Generalgouvernement.
VIII. Straftaten Fremdvölkischer – außer Landesverrat – aus Prag, wenn sie nach der Errichtung des Protektorats begangen sind.
IX. Hauptsächlich im Ausland begangene Handlungen – ausgenommen Landesverrat.

B.

Der 2. Senat bearbeitet:
I. Allen marxistischen Hochverrat mit Ausnahme der Alpen- und Donaugaue, soweit nicht der erste Senat zuständig ist.
II. Gefährdung der Wehrmacht befreundeter Staaten (§ 5 der VO vom 25. XI. 1939).
III. Defaitismus, Zersetzung und vorsätzliche Wehrdienstentziehung (§ 5 KSSVO) aus den Gauen Schleswig-Holstein, Hamburg, Köln-Aachen, Düsseldorf, Weser-Ems, Süd-Hannover-Braunschweig, Ost-Hannover, Essen.

C.

Der 3. Senat bearbeitet:
I. Den Landesverrat zugunsten der UdSSR und von Polen.
II. Defaitismus, Zersetzung und vorsätzliche Wehrdienstentziehung (§ 5 KSSVO) aus den Gauen Baden, Bayreuth, Franken, Halle-Merseburg, Kurhessen, Magdeburg-Anhalt, Mainfranken, Moselland, Thüringen, Westfalen-Nord, Westfalen-Süd und Westmark.

D.

Der 4. Senat bearbeitet:
I. Den Landesverrat zugunsten aller Länder der Welt, außer UdSSR und Polen.
II. Die Wehrmittelbeschädigung.
III. Straftaten von Deutschen aus Lothringen und Straftaten in Lothringen.
IV. Straftaten von Fremdvölkischen aus Mähren, wenn sie nach Errichtung des Protektorats begangen sind, Landesverrat jedoch nicht zugunsten der UdSSR und Polen.

E.

Der 5. Senat bearbeitet:
I. Straftaten außer Landesverrat und Defaitismus, Zersetzung sowie Wehrdienstentziehung in den Reichsgauen Wien, Ober- und Niederdonau.
II. Separatistischer Hochverrat, der die Reichsgaue Wien, Ober- und Niederdonau, Steiermark, Kärnten, Salzburg und Tirol-Vorarlberg betrifft.
III. Straftaten von Femdvölkischen aus Böhmen mit Ausnahme von Prag, wenn sie nach Errichtung des Protektorats begangen sind, ausgenommen Landesverrat.

F.

Der 6. Senat bearbeitet:
I. Straftaten außer Landesverrat in den Reichsgauen Steiermark, Kärnten, Salzburg und Tirol-Vorarlberg.
II. Defaitismus, Zersetzung und vorsätzliche Wehrdienstentziehung (§ 5 KSSVO) aus den Gauen Sachsen, München-Oberbayern, Schwaben, Württemberg-Hohenzollern, den Reichsgauen Wien, Ober- und Niederdonau und Salzburg.
III. Separatistischer Hochverrat, der Bayern betrifft.
IV. Anklagen wegen Wirtschaftssabotage (Gesetz vom 1. 12. 1936).
V. Anklagen nach der Verordnung des Führers zum Schutz der Rüstungswirtschaft vom 31. 3. 1942.

G.

Anklagen wegen Nichtanzeige eines Verbrechens bearbeitet der Senat, der für das nichtangezeigte Verbrechen zuständig wäre.

H.

Die sachliche Zuständigkeit eines Senats schließt die örtliche eines anderen Senats aus.

J.

Wird ein Angeklagter des Hoch- und Landesverrats beschuldigt, so richtet sich die Zuteilung nach der Hochverratsbeschuldigung, wenn diese nicht nebensächlich ist. Feindbegünstigung durch hochverräterische Betätigung, Defaitismus, Zersetzung oder Wehrdienstentziehung beeinflußt die Zuteilung nicht.

Sachen mit innerem Zusammenhang kann *ein* Senat im Einvernehmen mit den anderen beteiligten Senaten übernehmen. Fälle der Nichteinigung bitte ich mir vorzulegen.

K.

Für Anklagen, die vor dem 1. Januar 1945 eingegangen sind, gilt die bisherige Geschäftsverteilung, doch bitte ich, mir bis zum 1. März mitzuteilen, ob und welche solche Anklagen dann noch nicht erledigt sind.

. . .

>Berlin, den 29. Dezember 1944
>Der Präsident des Volksgerichtshofes
>gez. Dr. Freisler

Sammlung Luchterhand für kritische Leser

Theodor W. Adorno u.a.: Der Positivismusstreit in der deutschen Soziologie
Band 72.
Der Positivismusstreit stellt sich schon jetzt als Klammerbegriff und Signet einer ganzen wissenschaftlichen Periode dar.

Jürgen Bertram: Kamerad Hasso
Anmerkungen zu einem deutschen Wesen.
Band 317.
„Geh!" – „Steh!" – „Sitz!" – „Bring!": der Hund im sentimentalen Vereinslied als „Kamerad Hasso" besungen, wird auf dem Übungsplatz kommandiert und traktiert wie auf einem Exerzierplatz.
Was ist deutsch am deutschen Schäferhund?

Max von der Grün: Menschen in Deutschland (BRD)
Sieben Porträts.
Band 94.
Porträts von Personen, die in der gesellschaftlichen Hierarchie ihrer Berufsgruppe an unterster Stelle stehen.

Natalja Baranskaja: Woche für Woche
Frauenalltag in der Sowjetunion.
Band 268. DM 9,80
Frauenalltag in der Sowjetunion. Ein fast schon klassisches Stück „Frauenliteratur".

Karin Huffzky: Wer muß hier lachen?
Das Frauenbild im Männerwitz.
Band 271. DM 9,80
Die „Wahrheit" der Witze als Beispiel für Frauenfeindlichkeit im Alltag.

Sammlung Luchterhand

Sammlung Luchterhand für kritische Leser

**Sarah Kirsch/
Irmtraud Morgner/
Christa Wolf:
Geschlechtertausch**
Mit einem Nachwort
von Wolfgang
Emmerich.
Band 315.
Dreimal verwandelt
sich in den Geschichten von Sarah
Kirsch, Irmtraud
Morgner und Christa
Wolf eine Frau in
einen Mann — ein
so vergnügliches wie
folgenschweres Lehrstück in Sachen
Emanzipation. Ein
Lehrstück auch für
die Zukunft schreibender Feministinnen im Westen.

**Herbert Marcuse:
Der eindimensionale
Mensch**
Studien zur Ideologie
der fortgeschrittenen
Industriegesellschaft
Band 4.
Hebert Marcuse hat
tiefen Einfluss auf
das kritische Bewußtsein einer
ganzen Generation
genommen.

**Geschichten aus der
Geschichte der
Bundesrepublik
Deutschland
1949 — 1979**
Herausgegeben von
Klaus Roehler
Band 300.
Die erste Sammlung
von Geschichten aus
der Geschichte der
Bundesrepublik
Deutschland: in
jeder Geschichte ist
Zeit auf den ersten
Blick eindeutig, sind
Zusammenhänge
und Abhängigkeiten
kenntlich.

**Sammlung
Luchterhand**

**Sonja
Schwarz-Arendt:
Beruf: Hausmann**
Protokolle.
Band 308.
Friede am Herd?
Hausmänner berichten aus der Praxis
des Rollentauschs.

Sammlung Luchterhand für kritische Leser

Klassenbuch
Ein Lesebuch zu
den Klassenkämpfen
in Deutschland.
Herausgegeben von
Hans Magnus Enzensberger, Rainer
Nitsche, Klaus
Roehler und Winfried Schafhausen.

Band 1: 1756-1850
Band 79.

Band 2: 1850-1919
Band 80.
Band 3: 1920-1971
Band 81.
„Kein Zweifel, nicht
nur aus der Misere
der Lesebücher
haben die Herausgeber des ‚Klassenbuchs' radikale Konsequenzen gezogen.
Herausgekommen
ist dabei kein weiterer, auf Repräsentanz

bedachter Entwurf,
sondern eine vorläufig unersetzbare,
vorbildlich angeordnete und dokumentierte Sammlung
von Materialien zu
einer Sozialgeschichte, die so schnell
nicht geschrieben...
werden wird."
*Lothar Baier,
Frankfurter Allgemeine Zeitung*

Maxie Wander:
Leben wär' eine
prima Alternative
Tagebuchaufzeichnungen und Briefe.
Bd. 298.
Maxie Wander,
Autorin der Frauenprotokolle „Guten
Morgen, du Schöne",
über sich selbst, ihr
Leben, ihre Krankheit.

6